JN410393

소소리
소소리
소소리

우희정 수필집

속절없다, 시린 꽃빛아

소소리

저자 우희정

- 경북 예천 출생, 마산에서 성장
- 월간 「수필문학」으로 등단
- 한국문인협회, 국제펜클럽 한국본부 회원
- 한양수필문우회 회원
- 수필문학사 편집부장 역임
- 도서출판 소소리 대표
- 수필집 : ≪별이 빛나는 하늘≫, ≪폴라리스≫ 등
- 제13회 수필문학상 수상

속절없다, 시린 꽃빛아

우희정 수필집

1판 1쇄 인쇄/2007년 3월 10일
1판 1쇄 발행/2007년 3월 15일

지은이/우희정
펴낸이/우희정
펴낸곳/도서출판 소소리
등록/ 제300-2007-21호
주소/110-521 서울시 종로구 명륜동 1가 33-90
경주이씨 중앙회 빌딩 302-1호
전화/(02)765 · 5663
팩스/(02)766 · 5663
www.sosori.net

값 10,000원

ISBN 978-89-959287-0-7 03810

속절없다, 시린 꽃빛아

우 희 정

소묘 · 김영태 (시인 · 화가)

■

책을 내면서

4년을 기점으로 내 나름의 전환을 삼은 것 같다. 제1집과 2집에서는 스스로의 아픔에 연연하다 보니 시야가 무척 좁았다. 이제야 세상을 보고 자연을 느끼는 눈이 조금은 생기는 것 같기도 하다. 그러나 앞서의 미진했던 부분들도 모두 내 삶의 한 단편이기에 소홀히 여길 수는 없다고 생각한다.

이번 3집에서는 변화를 시도하려 애썼지만 매번 능력의 한계에 좌절을 느꼈다. 그 판단은 오로지 독자가 가지리라 믿는다.

사람살이가 저 혼자만의 독불장군은 아니리라. 힘들 때마다 격려를 아끼지 않는 마음 따스한 분들이 옆에 있어 마냥 고맙다.

2007년 새봄에

우희정

따순 가슴 식혀야죠 제 1 부

우희정 수필집

속절없다, 시린 꽃빛아

제 2 부 누군가 내 가슴에

활처럼 휜 길을 제3부

제 4 부 맥박의 요동소리

제 1 부

따순 가슴 식혀야죠

바람을 깨우는 소리

간절함이 컸던 탓일까? 뎅강뎅강, 제 몸을 던져 맑고 투명한 소리를 내는 소의 목도래가 운명처럼 내게로 왔다. 못다 이룬 사랑을 애달파하는가. 속절없이 시린 내 가슴으로 파고들며 울었다.

소가 움직일 때마다 따라 움직이며 소리를 내는 워낭은 보통 쇳소리를 꺼리는 야수들에게 경각심을 주기 위해 만들어 쇠로 된 것이 대부분이다. 그런데 내게로 온 목도래와 워낭은 나무로 된 것이었다. 그래서였던가, 손끝에서 전해지던 그 살아있음의 느낌은.

목덜미가 닿았던 활처럼 휜 나무는 반질반질 길이 들었고 줄을 꿰어 만든, 아래로 늘어지는 부분은 속을 파낸 원통을 가운데 두고 양 옆으로 방울이 두 개 중심을 잡고 있어 바람만 스쳐도 맑디맑은 소리를 내었다.

그것을 받아드는 순간 나는 어느 화가의 그림에서 본 힘이 솟아넘치던 황소를 떠올렸다. 새벽안개 푸른 빛을 배경으로 땅을 힘차게 받치고 선 다리, 떡 벌어진 어깨, 거친 숨결 사이로 허연 김을 내뿜는 그 생동감이, 틀을 박차고 튀어나올 것 같은 황소의 힘찬 박동이 내게로 전해지는 듯 내 맥박이 요동쳤다. 이 목도래도 필경 잘생긴 황소의 목을 감싸고 있었을 것이다. 그리하여 그 소의 당당한 위용을 더욱 빛내 주었을 게다.

방울은 대개 의사를 전달할 때 쓰인다. 아주 옛날 중국에서는 씨 뿌리는 절기를 알릴 때 큰 방울을 흔들고 다녔다고 하며 산사에서는 공양시간이나 법요를 행할 때 쓰였다. 또한 추녀 끝에 달린 풍경은 얼마나 운치를 더해주며 청명한 소리를 내는가.

내게 있어 방울은 잠자고 있는 의식을 깨우는 소리인 것 같다. 간절히 소망하지만 현실에 묶여 눌러둘 수밖에 없는 열망을 걷잡을 수 없이 점화시키는 그 무엇….

어느 하루, 무엇에 홀린 듯 아슴푸레한 기억을 더듬어 황학동 벼룩시장을 찾아 갔던 적이 있다. 그곳은 내가 소녀 적에 보았던 모습을 그대로 간직한 채 마치 암각화 속의 한 장면처럼 회색빛으로 정지된 느낌이었다.

시간이 멈춰 버린 듯한 곳을 나는 돌고 돌았다. 좁은 골목이 미로처럼 뒤엉켜 걷다보면 제자리에 와 있었다. 딱히 예정한 행보도 아니었으니 바쁠 것도 없는 걸음으로 한참을 헤매다 잠시 한숨 돌리는 사이 나 보란 듯이 도드라져 내 시선을 끄는 게 있었다. 다섯 개의 방울이 한 송이 꽃처럼 매달린 요령이었다.

어느 무녀의 손끝에서 신명나게 울렸을 방울이 세월을 머금고 얌전히 놓여있었다. 옆구리가 결려오는 듯한 느낌에 나는 그 자리에 멈춰 선 채 움직일 수가 없었다. 한창 전성기를 구가하던 옛날을 그리워하며 신기를 풀지 못해 몸살을 앓고 있는 방울이 내 몸 안에서 간신히 잠자고 있는 바람 닮은 열병을 깨우는 듯했다.

그러나 나는 그 요령을 사들고 오지 못했다. 그것을 가지고 싶은 욕망은 컸지만 그에 비례해 왠지 두려움도 컸다. 아마 그 요령을 흔들었을 어느 무녀를 상상하고 진저리를 쳤던 것 같다. 아니면 요령을 손에 드는 순간 내가 무녀처럼 신기를 발산하는 상상에 진저리쳤을지도….

울긋불긋한 옷을 차려입은 무녀의 굿은 언제나 신명이 넘쳤다. 덩덩 덩더쿵, 북소리에 심장이 뜀을 뛰고는 하였다. 무녀는 하늘로 솟을 듯 춤을 추었고 벅수의 장단은 밤새 그칠 줄 몰랐다.

조심스레 흔들리던 대끝이 파르르 떨릴 때면 그 끝이 나를 향해 뻗칠 것 같아 오금이 저렸다. 멀쩡하던 옆집 아주머니가 무녀가 흔들던 대를 넘겨받으면 갑자기 형형한 눈빛이 되어 그 집의 몇 대조 조상으로 강신해 사설을 늘어놓곤 하였던 것이다.

어쩌면 나는 무녀의 무병과 내 열병이 흡사함에 강한 충격을 받았는지 모른다. 그리고는 그날 이후 무병을 풀어내지 못하여 시들시들 시들어가는 여인의 환영을 지우듯 미친 듯이 내가 열망하던 일을 시작했던 것이다.

지금 나는 잘생긴 황소의 늠름한 기상을 고스란히 담아 내게로 온 목도래의 맑고 투명한 소리를 들으며 또 한 번의 반란을 꿈꾸고 있는 중이다.

꿈꾸는 신발

삼청공원 올라가는 좁은 길목에 상점이 하나 있다. 그곳에는 누군가의 발길을 기다리는지 유별나게 눈길을 끄는 구두가 매번 진열되어 있다. 다른 구둣가게의 진열창과 다른 점은 원색의 색깔에 감히 아무나 소화하기 힘든 디자인의 구두가 서너 켤레 도드라진 포즈로 나부죽이 앉아있다. 그 품새가 평범한 사람은 주인으로 모시길 거부하며 독특한 취향의 임자를 기다리고 있는 듯하다.

처음 몇 번은 도대체 저렇게 이상한 구두를 누가 신을까? 하며 지나쳤는데 어느 날부터 그 원색의 구두가 내 상상에 날개를 달아주는 것을 깨닫게 되었다.

신발은 어느 한 사람의 선택을 받는 순간 그의 분신이 되어 함께 길을 간다. 새 신은 발에 익숙해질 때까지 시간을 필요로 하지만 얼마 동안 길들이기를 끝낸 신발은 그 사람의 신체 일부분인 듯 주인의 성격이나 걸음걸이를 따라 닮아가며 단련을 받을 터이다. 또한 신발은 미래를 제시하기도, 어떤 일을 시작하기 위해서 각오를 다지는 뜻으로도 신들메를 고쳐 맨다고 하듯 단지 상징성만 나타내기도 한다.

신은 원래 발을 보호하기 위하여 착용하기 시작했다. 예로부터 서민들의 짚신, 사대부의 비단신, 흙땅에서 신을 수 있는 나막신, 갖바치들의 정성이 밴 가죽신, 발 전체를 집어넣을 수 있는 장화 등 종류도 다양하게 발달해 왔다. 고분벽화에까지 나타나는 신은 그 사람의 신분을 나타내기도 하였다. 백제 무녕왕릉(武寧王陵)에서 출토된 금동신발(金銅飾履)은 주인의 영화와 화려함의 극치를 보여준다.

그리스신화에 나오는 영웅 테세우스는 이웃나라 트로이젠 공주의 몸에서 태어났다. 그는 신표인 가죽신과 칼을 가지고 자신의 아버지인 아테나이의 아이게우스 왕을 만나러 간다. 그에게 신발은 자신이 누구인지를 알려주는 징표로 쓰인다.

이사도라 던컨에게는 도전에 다름 아니다. 1900년대 초, 그때까지 당연시되어 오던 토슈즈를 벗어던짐으로써 전통 발레에서 벗어나 현대무용에로의 새로움에 도전하였던 것이다. 모험과 도전, 그러고 보니 '움직이는 사람에게는 신데렐라의 유리구두가 주어지고 그 구두를 신은 사람에게는 더 큰 기회' 가 온다던 말이 생각난다.

어린 시절, 섣달 그믐날 밤 야광귀(夜光鬼)라는 귀신이 섬돌 위에 벗어 둔 신발을 맞으면 신고 간다하여 전전긍긍했던 기억이 난다. 그러나 동화 속 주인공을 꿈꾸던 나는 신발을 잃어버리고 불행을 맞을까봐 걱정한 일보다 신데렐라의 유리구두가 훨씬 더 내 마음을 움직였다. 신데렐라는 신발을 잃어버림으로써 왕자를 만나지 않았는가. 새 운동화 한 켤레 얻어 신는 것도 흔치 않던 시절 왕자까지 만날 수 있는 연결고리인 구두라니, 내 상상 속의 신은 꿈의 기제가 되기에 충분했다.

신발이야말로 여성들의 꿈을 담고 있는 것이 아닐까. 남성에 비해 상대적으로 여성들은 많은 종류의 신발을 가지고 있고 또 욕심을 부리는 것 같다. 유행에 민감하지 못한 나도 꼽아 보니 제법 여러 켤레의 구두를 가지고 있다. 그런데 내 구두는 대부분 깜장색 일색이다. 매번 화려한 톤에 눈이 머물다가도 체념을 한 탓이다. 더러는 색깔과 무늬가 모두 톡톡 튀는 구두를 신고 변신을 한 번 꾀해 봤으면 하는 갈망도 있지만 고작 꿈꾸는 정도에 머문 사실들을 나 자신이 잘 안다.

20대 후반에 용기를 내어 청람색의 망사구두를 한 번 가져 본 적이 있긴 하다. 쪽빛의 아른아른한 망사를 감싸 안듯 같은 색깔의 가죽이 얌전히 테를 두른 그 구두는, 손꼽을 정도로 내 발과 조우를 하다가 어느 날 소박데기가 되어 내 생활 밖으로 밀려났다.

며칠 전 인사동 삼지길 깊숙한 곳의 쇼윈도 앞에 나는 한참을 서 있었다. 그곳 진열창의 구두 역시 삼청동 그 가게만큼 이색적이어서 잠시 발길을 멈춘 참이었다. 올여름에는 샌들이 화려함의 극치를 보이고 있다고 했는데 과연 그곳에 있는 구두는 모두 눈부시도록 곱고 강렬했다. 넘치는 열정을 내뿜듯 원색의 물결이 출렁거렸다. 꽃, 나비, 동물무늬에 대담한 보석장식까지…. 굽도 코르크, 원목 따위로 다양하고 바닥에 활짝 핀 꽃잎이 아롱진 것도 있었다.

차마 안으로 들어갈 용기를 내지 못하고 남의 세계를 엿보듯 기웃거리다 우연히 젊은 연인이 구두를 고르는 모습을 보게 되었다. 신중히 구두를 고르는 어깨 넓은 청년과 흘러내리는 긴 머리카락을 연신 쓸어올리는 처녀가 참으로 잘 어울려 보였다. 유리창 한 겹을 통해 바라보는 그곳은 다분히 비현실적이고 몽환적인 분위기를 연출해 나에게 뭉클한 감동을 주었다.

나는 그곳에 서서 어쩌면 저 젊은 연인이 구두를 고르는 것이 아니라 구두가 그 연인들을 강하게 끌어당기는 건 아닐까 생각해 보았다. 음전하게, 수동적으로 선택되길 기다리는 게 아니라 그들 나름의 꿈을 가지고 제각기 다른 모양과 색깔로 에너지를 뿜으며 자신을 분신처럼 소중히 여겨줄 사람과 함께 어울리기를 기도하고 있을지도….

오늘도 신발들은 유리창 너머의 세상을 향해 스스로의 꿈을 키우고 있다.

그 산의 바다

비알에 널브러져 있는 도화 꽃빛이 좋아서 눈길을 팔다 '만어사' 라는 이정표를 보았을 때 내 생각은 만 갈래로 흩어져 나갔다. 절이름의 단순한 느낌보다는 '만어' 라는 어감이 주는 상상이 만 갈래를 쳤기 때문이다.

촌로에게 길을 묻자 '만어사(萬魚寺)', 곧 그곳에는 1만 마리의 물고기가 산다고 했다. 누천년을 이어온 산고의 애달픔이 새까맣게 몸을 태워 이젠 푸른 몸뚱이로 유영(遊泳)한다니…. 언덕보다 높은 곳에서 손만 대면 와르르 쏟아지는 물고기떼, 긴 세월 그치지 않고 아직도 계속 산통(産痛)을 하고 있다는 그곳을 향해 길을 돌렸다.

가도 가도 길은 끝이 없는 듯하다. 좁고 비탈진 산길은 위태위태하여 불안하기 짝이 없다. 잘못 든 길인 양하여 돌아서려고 해도 낭떠러지

외길이라 그마저 쉽지 않다. 어쩔 수 없는 심정으로 식은땀에 흠뻑 젖을 즈음 '감물리', '만어사'란 목침만한 팻말이 갈래길에 서 있다. 감물리라, 그래 다른 호기심이 발동하지만 어느 하나를 포기해야 할 경우가 있음을 나는 안다. 왼쪽 만어사 길로 들어선다.

옛날 옛적에, 동해 용왕의 아들이 자신의 수명이 다한 것을 알고 낙동강 건너 무척산의 스님을 찾아가 새로 살 곳을 부탁했다. 스님이 일러준 대로 길을 떠나는 그의 뒤를 숱한 고기떼가 따랐다. 이곳에 당도한 그는 미륵돌로 변하고 고기들도 크고 작은 돌이 되어 그 자리에 만어사가 생긴 까닭이 되었단다.

산모롱이를 도는 순간 저만큼 너덜경이 마중나와 서 있다. 계곡을 그득히 메운 검은 고기들과 맞닥뜨리자 내 심장이 우웅 하고 징소리를 낸다. 바위라 한들 누천 년 비바람에 빛이라도 바랬으련만, 허나 태초의 기상 그대로다. 검디검은 청석(靑石)이 한꺼번에 와그르르 내 귓전으로 쏟아진다.

물이 그리운 고기들인지라 밤이면 몰래 몰래 건너편 계곡으로 뛰어넘은 성싶다. 아래 골짝의 무리들도 어젯밤에 가로지른 길을 건넜음이 분명하다. 그 길을 거슬러 나는 오른다.

만어사는 규모가 작은 절이었다. 절간 마당으로 드니 옛절은 흔적 없고 후세 사람들이 지은 대웅전, 미륵전 등이 아담하다. 물을 떠나 이곳에 오른 고기들의 역사를 지켜본 그때의 하늘 대신 고려시대의 3층석탑만이 호젓하게 서 있다.

시누대 병풍숲을 둥지 삼아 쏟아지는 돌무더기가 흡사 몸을 푸는 모습만 같다. 어미망상어 뱃속에서 깨어나는 새끼처럼 바위들이 쏟아지고 있다. 그렇게 배 아파 낳은 물고기들이 골짝을 그득 채우고 있다.

옛사람들이 보던 그 바다를 오늘은 내가 보고 있다. 천만년, 이 돌의 고기떼로 하여 한 순간도 출렁임을 멈춘 적이 없는 세상, 무상(無常)으로서의 영원한 자연이다. 산과 바다, 혹은 땅과 물 사이에 있는 그래서 그 자연이 빚어내는 절정의 언어가 빛난다. 그랬다. 이곳은 무상으로서의 영원한 바다, 그 바다에서 치솟은 산이다.

만어석(萬魚石)들이 펄떡펄떡 몸을 일으켜서 아래로 아래로 향한다. 그들은 어디로 가는 길인가. 멀리 낙강의 한 모퉁이를 채우려는 강한 몸부림인가. 아니면 자신들의 본향인 동해를 향한 오롯한 동작인지도 모른다.

수도자의 길이 이만이나 할까. 천만년의 걸음을 가지고도 닿을 수 없는 이상의 길을 재촉하고 있다.

그 힘은 어디로부터 오는 것인가. 그것은 이제껏 미륵전 옆에서 쉼없이 치솟아 저들을 살려온 생명수가 아닐까. 원래 너덜지대에는 물이 고일 수가 없는데 마르지 않고 흐르는 정신수(精神水)는 동해의 밀물과 썰물에 따라 높낮이가 달라진다니, 아직 탯줄로 동해 그 어미와 연결되어 있음이다. 여태도 그들은 어미의 양수에서 헤엄치고 있는 것이다. 그래서인지 이곳에서 풍경소리보다 나는 밀물과 썰물이 들고나는 바닷소리를 듣는다.

아랫마을에는 도화가 한창이었다. 절간 앞의 느티나무는 아직 순도 틔우지 않았는데 말이다. 오로지 동백 한 그루만이 붉은 피울음으로 신열을 앓으며 돌고기들의 긴 행렬을 축원하고 있다. 나그네의 발길을 쫓아왔는지 저만큼 분홍꽃을 매단 벚나무 한 그루가 돌밭에 발을 숨기고 우두커니 서서 동백의 붉음에 감히 다가서질 못한다.

두드릴 때마다 맑은 금옥소리가 난다는 종석(鐘石) 사이를 나는 걸어본다. 아련히 꽹과리소리가 들리는 듯하다. 장대비 쏟아지는 날 산정에 올라서면 돌너덜이 서로 몸을 부딪쳐 꽹과리소리를 낼 터이다.

짬을 내어 언제 다시 어산(魚山)에 오르면 용과 고기들의 북받치는 그 소리를 나도 들을 수 있으리라. 좋은 돋보기 들고 믿어지지 않는 옛이야기를 내 그때 살피리라. 누천년의 소리에 귀 기울여 하늘의 뜻까지 살피리라. 검은 돌의 굳게 닫힌 문을 열고 옛부처의 얼굴과 내 선조들의 마음마저 살피리라.

또 다른 만년의 세월이 흐른 뒤에도 그 산의 바다는 그 넓이와 깊이 그대로 살아있을 것이다.

연 인

누군가의 가슴에 애틋한 꽃빛 한 점으로 남을 수 있다면 행복하지 않을까.

평생을 남몰래 외로운 사랑을 키운 베토벤이 죽을 때까지 감춰 온, 그 비밀을 찾아가는 과정을 그린 영화를 본 일이 있다. 베토벤의 사후, 그가 남긴 한 장의 편지에 적힌 '불멸의 연인(戀人)', 가까운 어느 누구도 그동안 눈치 채지 못했던 그의 불멸의 사랑은 누구일까. 평소 괴팍했던 행적으로 인해 과연 상대는 누구였을까에 의문을 갖고 그 글 속의 주인공을 찾아가는 이야기로부터 영화는 시작된다.

오로지 그 사람을 향해 타는 정열을 화인처럼 가슴에 찍고 고통에 몸부림친 베토벤, 그를 향해 짠한 연민이 금방 나에게도 일었다.

그와는 또 다른 방법으로 사랑한 사람들이 있다. 특히 피카소와 그의 다양한 연인들을 보며 나는 약간의 혼란을 일으킨 적이 있다. 그동안 내가 꿈꿔온 순애보적인 사랑과 거리가 멀어 한 지우(知友)에게 우스개 삼아 도저히 이해할 수 없는 바람둥이라 했더니 한마디로 명쾌한 답이 돌아왔다.

"그가 남긴 유명한 작품으로 용서해야지 않겠수?"

그에게 사랑은 창조의 원동력이라는 것이다.

건조하지 않고 촉촉하여 누군가의 심금(心琴) 한 현을 울릴 수 있는 작품 한 편 남기려면 나도 뜨겁디뜨거운 사랑을 해봐야 되나?

여자는 사랑 때문에 자신을 파괴시키는 경우가 있다. 남자에게는 사랑이 일부분일 수 있지만 여자에게는 전부일 수 있으니까. 피카소를 사랑했던 도라 마르가 그 경우인가 싶다. 당당하고 똑똑하던 여인 도라 마르가 피카소를 만나고부터 '우는 여인'으로 전락할 수밖에 없었던 이유는 자유분방한 피카소를 사랑한 죄일 터이다. 결국 피카소와 헤어진 도라 마르는 의사 자크 라캉에게 정신치료를 받을 정도로 망가져 있었다.

"상징주의자들과 어울렸을 때는 정말로 발랄하고 예리한 지성을 가진 아름답고 자랑스러운 여자였는데, 어찌하여 저 모양으로 문턱의 걸레마냥 불행한 여인이 되었는가?"라고 자크 라캉은 피카소를 지탄했다고 한다.

그러나 피카소는 충분히 사랑할 가치가 있는 멋진 남자였던 것 같다. 피카소가 죽은 뒤 그의 연인이었던 두 여인이 차례로 자살했다. 마리 테레즈와 자클린, 그들의 죽음은 무엇을 뜻하는 것일까. 더러 상대방을 죽도록 사랑해 그가 죽으면 저세상까지 따라 갈 것 같아도 죽음까지 불사한다는 일은 어렵다. 철저히 이기주의로 보이는 피카소이지만 어쩌면 그는 매순간마다 그럴 수 없는 진실로 상대를 사랑했을지도. 그의 사랑법을 내 잣대로 잴 일은 아니리라.

그러고 보니 이사도라 던컨의 연인들이 떠오른다. 그녀 또한 지천명의 짧은 생을 살다가면서 많은 남자들과 스캔들을 뿌렸다.

'사랑의 기적은 여러 가지로 연주될 수 있는 주제와 음계를 갖고 있다. 베토벤의 음악을 듣는 느낌과 푸치니의 음악을 듣는 느낌이 다르듯이 한 사람의 사랑은 다른 사람의 사랑과 각기 다르다. 이 여러 선율적인 연주가들에게 대답을 들려주는 악기는 여자이다. 오직 한 남자만을 아는 여자는 오직 한 작곡가의 음악을 듣는 사람과 같다고 나는 생각한다' 는 정의처럼, 그녀는 새로운 사랑을 시작할 때마다 바로 그 사람이 자신이 기다려오던 그 사랑이라고 믿었다. 매번 새로운 사랑을 시작하며 에너지를 얻던 그는 43살에 25살 천재시인 예서린과 결혼을 하고 열정적인 춤을 추지 않았던가.

평소 나는 사랑이란 오로지 일편단심 한 사람을 향한 바라기라고 늘 생각했다.

'사랑이 어떻게 변할 수 있는가.'

그런데 꽃내음 풍성한 계절 탓일런가. 요즘 들어 새삼 많은 가십거리를 남긴 피카소와 이사도라의 사랑방식이 꼭 나쁘지만은 않아 보이니 말이다. 불잉걸 속으로, 속으로만 깊이 삼켜 가슴을 재만 남도록 태우는 것보다 더러는 또 하나의 자아가 이끄는 대로 폭풍 같은 감정에 내맡기는 사랑도 어쩌면 괜찮지 않을까 여겨지는 것이다.

사랑이었는지 확신할 수 없지만 어쨌든 보고 있어도 그립던 사람이 한때 내게도 있었다. 그러나 나는 그의 감정뿐만 아니라 내 감정까지 깡그리 무시하고 어느 하루 일방적인 이별을 고했다. 왜 돌아서야 하는지 나 자신조차도 이해를 할 수 없었으니 그 황당함이란…. 그러고 보니 나는 항상 시작도 하기 전에 도망치는 비겁자였다.

올봄 이상기온으로 한꺼번에 온 천지에 꽃눈깨비를 뿌리고 있는 계절을 핑계 삼아 사랑가 한 소절 노래 불러 볼까나.

누군가의 가슴에 애틋한 꽃빛 한 점으로 남을 수 있어도 좋겠지만 내 가슴에 누군가를 담을 수 있다면 더 행복하지 않을까.

잃어버린 시간들

이포 다리에서 금사리를 지나 산북리 재를 넘다보니 어느 집 울타리에 서로 다른 크기와 모양새가 각각인 시계가 촘촘히 걸려있었다. 울타리라 해봤자 제주의 정낭을 연상시키는 장대 셋이 엉성하게 걸쳐져 있고 그 담장에 의지해 언뜻 보아도 여남은 개는 됨직한 시계가 한길을 향해 무언의 말을 전하고 있었다.

도대체 무슨 뜻으로 시계들을 집주인은 밖을 향해 걸어놓았을까, 고개가 갸웃거려졌다. 보편적으로 우리는 시간을 가늠하느라 시계를 본다. 그런데 그곳에 걸린 시계들은 가리키는 바늘의 향방이 제각각인 채 나그네를 향한 바라기만 하고 있지 않은가.

산수유가 노란 눈망울 터트리던 날, 궁금증을 풀기 위해 나는 그곳을 찾아 나섰다. 아지랑이 운무처럼 끼어있는 산길을 달려 드디어 고갯마루 그 집 앞에 차를 세웠다.

다듬지 않은 가지를 얼기설기 뻗어 수문장처럼 버티고 있는 배나무 아래에 있는 것까지 합쳐 시계가 무려 15개나 된다.

7시 46분, 6시 56분, 3시 35분, 11시 55분, 2시 20분, 9시 10분, 6시 35분, 12시 35분, 4시 30분, 6시 40분, 12시 50분, 10시 43분.

세 개는 땅에 누워있다. 1시 48분과 7시 20분을 가리키는 두 개와 숫자판 따로 몸체도 따로인 시계 하나는 1시 50분에 멈춰져 있다.

시계들은 뭘 말하고 싶은 것일까. 그러고 보니 유일하게 내가 서 있는 현재 시각에 잘 맞는 시계는 12시 35분을 가리키는 단 하나뿐이고 나머지는 비현실적인 시계인 셈이다.

무슨 까닭으로 세 놈은 엎드려 있고 또 한 놈만 현재와 맞는 것일까. 나는 해석되지 않는 이 많은 시간들을 어떻게 찾아야 하나. 시간의 언덕에 서서 내 나름의 해석을 붙여본다.

7시 46분을 가리키는 알람시계는 책상 위에 있어야 할 것이 담장으로 나와 대롱거리고 있다.

6시 56분. 초침은 움직이고 있지만 시간이 제대로 맞지 않는 이 시계는 살바도르 달리의 「정거장의 때 이른 석화」에 나오는 시간이기도 하다. 「기억의 영속성」을 완성하기 1년 전 부드러운 시계로 표현된 첫 작품으로 앙상한 인체의 머리를 살짝 가리는 시계 바늘이 6시 56분을 가리키고 있다. 초현실주의의 대표자이기도 한 달리는 대낮에도 종종 환상을 보았다 한다. 흘러내린 시계는 그를 환상의 세계로 데려다 주는 타임머신이지 않았을까. 그가 침잠하듯 스며들었던 곳, 그곳이야말로 그의 정신을 예술이게 해준 상상 그 자체가 아닌가.

3시 35분은 한창 꿈꾸는 시간이기도 하다. 어느 날 나는 들길을 가고 있었다. 아무리 기다려도 버스는 오지 않고 안절부절못하다 종내 어둠구렁에 빠져 허우적이다 가위눌려 깨어난 시간이다.

11시 55분, 나와 핏줄로 연결된 한 생명이 태어난 시간이다. 모강(양수)에서 열 달의 유영을 마친 새 생명이 그 밤 세상의 빛을 향해 시새우던 때이기도 하다.

2시 20분, 타이타닉호가 침몰한 시간이다. 타임박물관에는 대서양 한복판에서 타이타닉호가 빙산에 부딪혀 침몰하던 1912년 4월 15일 새벽 2시 20분에 멈춘 시계가 있다. 이 시계는 배가 침몰하는 와중에 작동을 멈췄다고 한다.

또 다른 시계 중에는 내 두 어머니의 팔자를 닮은 기구한 시간도 포함되어 있을 터이다. 뿐인가 제각각 우리의 세상살이가 거미줄같이 엉켜 있을 게다.

시계를 일별하고 나름대로 의미를 부여하다 보니 이제 그곳에 살고 있는 집주인이 누구인지 궁금하다. 열려 있어도 닫혀 있는 문 앞에 서 본다.

회색 슬래브 지붕에 굴뚝과 벽이 하얗게 칠해져 있는 집을 기웃거린다. 마당에까지 내려와 있는 산과 폐원이다시피 한 정원에도 봄은 와서 꽃이 다보록한데 검정 서까래의 끝을 하얀 칠로 마무리한 집만은 아주 단정한 느낌이다.

주인은 간곳없고 개들만이 나그네를 마중한다. 낯선 사람이건만 경계심 없이 꼬리를 흔드는 검정과 하얀 개 두 마리, 그리고 두 가지 색깔 중의 하나인 여러 마리의 강아지들, 그들의 대비되는 털색깔조차 뭔가 기이한 느낌으로 다가온다.

집도 개들도 모두 하양과 검정 일색인 미묘한 분위기에 다소 으스스함이 느껴지지만 궁금증을 참지 못하여 길 쪽으로 난 유리문 너머로 안을 들여다본다.

옷이 잔뜩 걸린 횃대가 벽을 차지하고 있다. 그런데, 바로 그곳에 또 시계가 있다. 포개진 채 벽에 거꾸로 세워져 있는 두 개의 시계. 저 시계는 또 무어란 말인가? 나는 점점 혼란스러워진다. 주인은 타임머신을 타고 머나먼 과거로의 여행을 떠난 것인가.

어긋난 삶들 속에서 종내 한곳을 향해 가는 우리 인생길 같은 시계들. 방안에 포개진 시계는 앞으로 일어날 수 있는 시간이 아닐는지. 그 시간의 모든 사연이 우리 삶의 여로에 얽혀져 있는 것이리라.

과거와 현재, 미래의 모든 것이 포함되어 있는 시계 앞에서 나는 곡두 같은 시간의 숙명을 헤아린다.

봄 꿈

기억하고 계시나요. 달마저 구름 사이로 숨어버린 그날 밤 말입니다. 배냇골을 찾아들던 그날 당신의 옆자리에 앉아 세상을 보았지요. 모든 것들이 잠들고 오롯이 별들만이 내리쏟아질 듯한 암흑 속을 당신은 묵묵히 앞만 응시하며 달렸고 그런 당신의 옆모습을 훔쳐보며 나는 가슴 덜컹이는 느낌을 받았지요.

당신은 산길 모롱이에 있는 공동묘지를 지나며 생각난 듯 몇십 년의 세월조차도 어쩌지 못한, 배냇골을 떠나지 못하고 있는 영혼들에 대하여 무겁고 암울한 소리를 내뱉었지요. 나는 왜 바로 그 순간 아이러니하게 주검 같은 어둠에서 한가닥 희망 닮은 사랑을 꿈꾸었는지 모르겠네요.

어디 세상사가 아이러니한 일 아닌 것이 있을라구요. 여성의 자궁을 닮아 배태고개라 이름 붙은 그곳 또한 수없이 많은 젊은이들의 주검을 묵묵히 지켜볼 수밖에 없었다지 않아요.

6 · 25때 그곳은 좌익의 은신처로 쓰였다지요. 채 꿈도 꾸어보지 못한 그들, 채 꽃도 피워보지 못하고 봉오리로 접어야 했던 젊음과 이상(理想)이 차마 그곳을 떠나지 못하고 안개 되어 골짜기에 스며있는 듯했지요. 공비소탕 작전으로 산천에 피를 뿌리며 사라져간 그들의 운명은 어쩔 수 없는 것이었을까요? 스러져가는 그들을 모성의 본능으로 보호해 주지 못한 한(恨)을 가슴에 품고 속울음을 울어야 했을 우리들의 그 산야.

다음날 아침, 눈을 뜨고 무심코 밖을 내다보다 또 한 번 가슴 무너지는 소리를 들었지요. 이렇듯 청량한 곳에, 그렇듯 싱그러운 곳에서 목숨을 꺾어야 했던 그들의 청춘이 못 견디도록 짠한 아픔으로 다가왔지요.

더욱더 안타까운 것은 포화 속에서도, 죽고 사는 것을 기약할 수 없는 상황에서도 사랑에 빠진 남녀가 있었다지요? 애절하게, 상대를 바라보는 것만으로도 숨소리 뜨거워지는 역사를 했겠지요. 그들에게 절실한 것은 안락한 내일도, 가슴 벅찬 행복도 아닌 짧은 의식을 치를 장소였다지요. 하늘은 보여도 좋으니 두 사람의 몸을 가려 줄 수 있는 반

듯한 공간만이 간절했다는 그들의 욕구 앞에 무릎이라도 꿇고 싶은 심정이었답니다. 사랑이란 그렇게 때와 장소 가리지 않고 소리없이 스며드는 것일까요.

어제는 동백꽃 뚝뚝 지는 나무 아래 한참을 서 있었어요. 쏟아져 내리는 선홍의 비를 맞으며…. 가슴에 피멍이 들도록 후회없이 그리움 쏟아내고 절정의 순간에 그 정열 고이 접어 제 몸 던질 줄 아는 용기에 가슴이 먹먹했지요.

그런데 나는 사랑하는 일이 무에 그리 어렵다고 허둥대기만 하는지 참 모르겠네요. 아니지요, 이 나이가 되어서도 익숙지 못한 내 사랑의 노릇은 서투름에서 오는 당황함이겠지요.

아니면 「그리스인 조르바」의 젊은 두목 오그레처럼 자신에게조차 솔직하지 못해서가 아닐는지요. 왜 매번 자기감정에 충실하지 못하여 마음대로 틀을 만들어 놓고 그곳에 자신을 가두려는 것일까요? 동백나무 아래에서조차도 왜 애써 따슨 가슴을 식히느라 숨을 골라야 했는지 잘 모르겠네요.

주검을 옆에 둔 절박한 상황에서도 사랑을 한 저들에게는 없던 내일이 내게는 있는데도 말이에요. 맞아요. 내게 내일이 있다는 것, 혼곤한 봄꿈에 한 번쯤 취해 봐도 된다는 뜻. 그렇지요, 네.

세상으로 나가는 거울

외출할 때마다 꼬리를 자르는 거울이 내게는 있다. 매번 집을 나서기 전 나는 그 앞에 서서 교만과 욕심의 꼬리를 자르며 세상으로 나가는 통과의례를 치른다. 그러나 돌아와 그 자리에 다시 서면 어느새 꼬리는 자라있다. 사람들을 만나며 허욕을 부리지는 않았는지, 혹 내 자존심이 다칠까 전전긍긍하며 거들먹거리지는 않았는지, 쓸데없는 오만이나 망상에 사로잡히지는 않았는지 거울을 보며 자성을 한다.

꼬리를 자르는 거울뿐만 아니라 여러 개의 거울을 나는 가지고 있다. 그중에서 주석 거울이 으뜸으로 아름답다. '아름다운 거울에는 아름다운 모습이 보인다' 는 말이 있듯 그 거울을 볼 때면 본래의 내 모습보다 더 예뻐 보이는 것 같아 왠지 기분이 좋다.

주석으로 만들어진 이 거울은 어느 아랍인의 손끝을 통해 그의 숨결이 온전히 담긴 것이다. 일일이 망치로 두드린 자국이 뚜렷한 거울은 아르누보 양식의 아주 섬세한 작은 꽃잎 문양이 너울져 있다. 꽃잎만 어우러져 있는 게 아니고 사라센 왕자가 무슨 악기인지 연주하고 있어 감동적이기까지 하다.

그에 못지않게 넝쿨식물의 손이 얼기설기 얽힌 접이식 손거울은 한쪽은 보통의 거울이고 그 반대쪽은 확대경이다.

아름다움을 보기 위해서는 보통의 거울이 소용된다. 아침마다 이 면경을 보며 좀더 예쁘게 보이기 위해 나는 화장을 한다. 그러나 그 거울은 양면성을 가지고 있어 뒤집으면 확대경이 된다. 앞면의 거울보다 크기가 훨씬 작은 이 확대경은 평소에는 잘 보이지 않던 얼굴의 잡티와 결점까지도 확연히 비춰준다. 그러나 확대거울은 주인의 심정을 헤아리는 양 절대 한꺼번에 다 보여 주지 않는다. 조금씩 부분적으로만 보여주기 때문에 그곳에 드러나는 결점을 나는 수용하지 않을 수가 없다.

네모난 인도 거울은 나무테두리에 우리의 예전 단청처럼 색깔을 입힌 다음 아크릴판으로 살짝 덮고 있다. 가운데 거울면은 가로 5센티 세로 9센티의 크기로 얼굴만 온전히 담을 수 있어 무척 재미롭다.

또 하나 코만 보이는 아주 작은 거울은 콧대를 더더욱 돋보이게 하여 가끔 의기소침하여 용기가 필요할 때면 스스로 최면술을 걸기 위해 사용한다. 핸드백에 넣어 다니는 공주풍의 거울도 나는 빼놓을 수가 없다. 식사 후 손바닥으로 감싸쥐고 요것을 살짝 보는 맛 또한 각별하니까.

얼굴에 묻은 티끌만 보기 위해 거울이 필요한 것은 아니다. 아주 오래전부터 서양에서는 원통거울이나 피라밋거울이 점성가나 마술사에 의해 사용되었고, 우리나라에서도 무속인들이 사용하는 세 가지 무구(巫具) 가운데 하나가 거울이었다. 그들은 거울을 들여다보면서 집을 나간 사람이나 잃어버린 물건의 행방을 점치기도 했다.

아더왕 전설 속 샬롯의 거울은 한동안 내 가슴을 아프게 저몄다. 샬롯은 거울을 통해서만 세상을 볼 수 있고 그곳에 비친 광경을 태피스트리로 짜야하는 운명이다. 그러던 어느 날 거울에 나타난 수려한 용모의 남자에게 마음을 빼앗긴다. 첫눈에 사랑에 빠진 샬롯은 그 남자의 실제 얼굴을 보고 싶은 마음에 창문으로 달려가 밖을 내다보고 만다. 순간 돌이킬 수 없는 상황을 맞는 샬롯, 그녀에게 거울은 거부할 수 없는 운명이다.

그러나 달콤한 꿈을 꾸게 하는 거울도 있다.

길이 73미터의 행랑 벽면에 4백매의 거울이 끼워져 있는 베르사유궁전 '거울의 방'. 수백 개의 거울에 되비치는 화려함은 현실을 뛰어넘어 환상의 세계로 데려다 주는 꿈의 방이 아닌가.

가끔 들르는 찻집의 한쪽 벽면을 고스란히 차지한 고딕풍의 커다란 거울도 내게 꿈을 안겨준다. 한가운데 대형거울을 중심으로 양쪽에 하나씩, 세 쪽의 명경이 한 벌을 이룬 그 거울을 마주보며 걸어 들어가는 기분은 참 묘하다. 또 하나의 나를 향해 살포시 발을 떼어 놓으면 시간을 가로질러 미지의 세계로 건너가는 느낌이다. 그것은 고려시대의 거울인 청동누각산수문경을 보았을 때의 현실감 없던 느낌과 흡사하다. 유리거울이 미래로 데려다 준다면 청동거울은 과거로 이끌어 주는 것이 다르긴 하지만….

당나라의 영향을 받았다는 청동거울의 뒷면에는 한 폭의 그림이 담겨 있다. 세월이 녹아 퍼런 이끼가 낀 거울에 새겨진 누각과 나무와 다리, 그 사이를 유유자적하는 사람, 그 모든 게 아스라하여 나를 먼 곳으로 시간여행 하게 한다.

청동거울의 주인을 헤아려 본다. 아마도 그는 자신의 얼굴을 비춰보기 위해 매일 정성을 기울여 면경을 닦았을 것이다. 그리고 사람살이에서 생기는 희로애락을 되새김질 하며 자성하는 마음으로 이 면경을 보았을 게다.

서양인들이 여러 각도에서 비치는 자기 자신의 화려한 모습을 보며 세상으로 나가는 일을 꾀했다면, 우리는 청동거울을 닦으며 내면으로의 자기 수양과 미덕을 위해 노력했던 것 같다. 꼬리를 자르는 나의 거울 역시 그 사람의 청동거울일 터이다.

나는 오늘도 세상으로 나가기 전에 내 거울 앞에 다가설 것이다.

길을 떠나 다시 길로

마음의 파도를 재우려고 길을 나섰다.

매번 어디론가 떠나길 갈망하지만 어디 그게 그리 쉬운 일인가. 그러나 오늘 하루 나를 옭아매는 모든 것 잠시 접어두기로 작정했다.

한동안 마음이 혼돈스러웠다. 공자는 사십을 불혹이라 했는데 나는 지천명을 눈앞에 두고도 방황을 하고 있으니 참으로 딱한 노릇 아닌가. 철들지 못하는 스스로를 추스르기 위해서 예정 없는 길을 떠나기로 한 것이다.

스스로를 잘 알고 있다고 믿지만 알 수 없는 나 자신에 거듭 물음표를 던지며 끝 모를 욕망에 이끌려 얼마나 수없이 나선 길이었던가. 길은 어디로든 이어져 있다. 그 길을 헤매다 더러는 바다 어드메쯤에, 더러는 난데의 어디쯤에 제풀에 지친 욕망을 내려놓고 나는 예외없이 다시 제자리로 돌아서곤 하였다. 이번의 떠남도 길의 어디쯤에서 짧은 방황을 끝내고 크기를 부풀리는 열정의 불씨를 갈무리 하듯 꼭꼭 눌러 담아 재워서 일상으로 돌아갈 것이다.

낯설고 작은 방에 짐을 풀고 내게 주어진 시간 25시간, 아니 25시를 맛있는 음식을 먹듯 포식하기로 한다.

한 잔의 차로 몸을 달랜 뒤 비스듬히 비낀 해를 동무 삼아 산책을 나선다. 여울물이 흐르는 강을 따라 걸어 본다. 어중간한 계절 탓인지 도통 사람이 없다. 외딴 섬에 버려진 느낌에 적당히 외로워진다.

저만치 강변에 홀로 허리를 구부리고 무언가에 몰두해 있는 남자가 보인다. 무아경으로 강변을 훑고 있는 돌 캐는 사람이 내 그림에 정적을 보탠 셈이다. 멀리 있어 표정은 볼 수 없지만 뒷모습만으로도 내심 희열에 차있을 그의 심경을 읽을 수 있다. 헤일 수 없이 많은 조약돌을 훑던 그 눈빛이 머무는 곳에 그와의 인연이 있을 테니까.

한겻이 다 되도록 걷다 지쳐 숙소로 돌아와 검기울어지는 창 앞에 선다. 커튼을 활짝 열어젖히자 산이 성큼 내 앞으로 다가선다. 그 산을 더 앞으로 잡아당긴다.

모든 것은 적당한 거리에 있어야 신비롭게 보이는 것일까. 회색과 청색이 적당히 섞인 푸른 어둠이 밑에서부터 위로 점점 차오르고 있다.

겹겹이 포개진 산과 산과 산, 마치 숫자를 처음 배울 때처럼 그것을 소리 내어 낱낱 외워 본다. 하나, 둘, 셋… 열셋.

열세 겹이나 켜켜로 몸을 세운 산이 어린대나무색으로, 회청빛으로, 심해빛깔로, 해송색으로 먼데 봉우리부터 희미해졌다가 차례로 어둠 속에 잠겨든다. 앞산에 터전을 일군 은사시나무 군락이 마지막까지 실체를 드러내려 한껏 애쓰다 그마저 어둠 속으로 잠겨들자 나는 포도주 한 잔을 따른다. 내 얼굴도 꽃물이 밴다.

아직은 쌀쌀한 저녁, 살바람에 은사시나무 떨리는 소리가 아련히 들린다. 아니 그 떨림은 서로 몸 부비며 은밀하게 사랑을 나누는 소리가 아닐까.

옷을 입은 채 자리에 드러눕는다.

얼마쯤 시간이 흘렀을까? 오랜만에 주어진 시간이 아까워 이 분위기를 마음껏 누려보려 하지만 혼곤 속으로 자꾸만 빠져든다. 은사시나무가 마치 강물을 건너 내게로 달려오는 듯하여 정신을 가다듬으려 안간힘을 써 봐도 내 의식은 더 깊은 나락으로 침잠해든다.

꿈 없는 잠을 깨우며 어느새 새벽이 다가와 있다. 모처럼 수선스럽지 않은 잠을 잔 듯하다.

더러는 길이 없는 것 같아 두려움에 떨 때가 있다. 돌아서면 길을 잃겠고 나아가자니 길이 보이지 않는다. 캄캄하여 앞이 보이지 않을 경우 그 자리에 무연히 주저앉아 잠시 쉬어보는 것도 마음 다스리기의 한 방법이리라.

일탈을 꿈꾸며 무작정 길을 떠나왔지만 그것은 한바탕 꿈일 뿐, 다시 돋을볕이 눈부신 길 위에 나를 세운다.

숲을 담다

어머니 같은 산, 상처 받은 사람들을 품어안는 산, 삶에 찌든 육신을 맑히려고 지리산으로 찾아드는 길이다. 왜 우리는 산에서 위로를 받으려는지 숲으로 들자 살갗이 먼저 알아챘다.

인간의 손길이 묻은 조림지보다 자연림이 얼마나 더 우주의 법칙에 가까운지 알 것 같다. 큰 키 나무와 작은 키 나무, 풀과 꽃이 서로 어우러져 상생하는 모습에서 인간이 살아가야할 방법을 배워야 될 것 같다.

모닥불마저 사위어 가던 시간, 숲에서 애잔한 풀벌레소리가 들렸다. 달궈지던 심장을 식혀주려는 듯 청아한 비리내 계곡의 물소리, 도심에서는 볼 수 없던 총총한 별빛으로 나도 한 점 바람이 된다.

하룻밤, 하루 낮만의 만남이 못내 아쉬워 나는 별이 이울도록 마음이 분주하였다. 날이 새면 떠나갈 도시에 이 숲을 담아가는 방법은 없을까. 푸르름으로 다가온 그를 내 몸 곳곳에 오롯이 담을 수 있다면 좋으리. 뿌리가 새벽이면 깨어나 물기둥을 뿜는다는 숲을 내 가슴 속 깊은 곳에 담아 숲이 그리운 날 꺼내보면 나도 자연과 하나가 될 것이다.

그물처럼 얕게 갈라진 흑갈색 피부 가지 끝에 자잘하게 피운 흰꽃을 분분히 떨구던 말채나무는 갈비뼈 아래에 심어야겠다. 긴 머리채 곱게 늘어트린 능수회화나무는 등뼈에 심고 이즈음 내가 좋아하는 잘생긴 느티나무는 가슴 한복판 명치께에 뿌리를 내리게 하면 어떨까?

부끄러워 숨어서 피었지만 향기만은 감출 수 없어 더 수줍던 산목련을 심장 깊숙한 곳에 묻고 스치는 바람에 품었던 향기 잎으로 내뿜던 비목과 생강나무는 모세혈관에 심어야 하리.

잎처럼 생긴 열매가 신라의 금관에 매달린 곡옥모양으로 찰랑이는 서어나무를 허파꽈리에, 단맛나는 보랏빛 꿀풀은 쓸개에 심어야겠다.

어두운 자갈색의 몸뚱이, 긴 타원형의 잎겨드랑이에 종모양의 하얀 꽃을 네댓 개씩 피우다 우리가 간 날 처연히 아래로 쏟아내어 가슴을 철렁하게 하던 때죽나무와 가지 끝의 두상꽃차례에 잎처럼 생긴 네 쪽의 흰꽃이 모자를 쓴 듯하여 얌전해 보이던 산딸나무는 양쪽 콩팥에 한 그루씩 심으면 되겠다. 9월이면 빨갛게 익을 열매로 인해 나도 덩달아 붉게 물들 것이다.

일시에 꽃을 피우지만 열매는 차례로 익어 새들에게 오랫동안 먹이를 제공하는 벚나무와 하나의 나무에 깔때기모양의 연노랑과 붉은 빛의 두 가지 색깔의 꽃을 달고 있던 병꽃나무는 어디에 심을까.

북쪽의 고향을 떠나와 파리하게 몸을 떨던 자작나무는 나까지 추워지게 만들까 걱정스러우니 그만 두어야겠다. 기마민족들은 죽어 자작나무에 싸여 하늘과 바로 연결되기를 소망했다고 한다. 경주 천마총에 천년 하고도 더 오랜 세월 동안 하늘을 향해 비상하는 말을 담아 안은 자작나무 껍질도 그들의 간절한 염원 때문에 사그라지지 못하고 불 밝히고 있는 것이리라.

이담에 나무 아래 거름으로 돌아가기를 희망하는 산사람 이야기를 하며 자신도 기왕이면 자작나무 발치로 돌아갔으면 좋겠다는 숲해설사. 자작나무는 자연을 닮아 수수로워 보이던 그의 몫으로 남겨 두어야 도리이겠다.

고광나무 꽃향기가 은은히 밴 지리산 휴양림에서 열린 '문학의 집 · 서울' 의 자연사랑 문학제는 내게 그렇게 특별한 느낌으로 다가왔고 그 밤은 그래서 이래저래 짧았다.

다음날 돌아오는 길에 함양 상림에 들렀다. 길가 벚나무에 달린 버찌를 입술이 새까맣게 물들도록 따먹다 천지를 진동시키는 꽃향기를 따라가니 나도밤나무가 자신을 빼놓았다고 턱을 치켜들며 다가선다.

'그래 너도 한자리 끼워주마.'

마지막으로 발뒤꿈치에 그를 심는다.

나는 나무다, 숲이다. 그래서 자연이기를 갈망한다. 간절히 열망하지만 숲으로 달려가지 못할 때 몸 안 곳곳에 심은 나무를 내 방안에 잔뜩 펼쳐놓을 것이다. 물론 그 향내로 인해 나는 두고두고 행복할 것이다.

학꽁치 잡는 남자

휴일 아침 지우(知友)에게서 바다내음을 맡으러 오라는 전화가 왔다. 남편이 간밤에 거문도로 낚시 갔다가 태풍이 온다는 소식을 접하고 철수준비를 하는 그 와중에 아내와 내 몫으로 학꽁치를 잡아왔다고 한다.

그렇지 않아도 온몸의 기가 쇠진한 듯 일상이 숨막히던 참이었다. 어디론가 떠나 에너지를 충전 받고 싶은 마음 굴뚝 같았지만 현실이 그렇게 자유로운가. 이런 내 기분을 눈치챈 그녀와 그녀 남편의 합작품이리라. 어디 바다냄새뿐인가, 파도소리까지 들리는 듯하여 한달음에 달려갔다.

그는 분명 바다를 통째로 담고 왔을 것이다. 나는 그로부터 달빛이 없어도 은파로 일렁이고 있을 이즈음 남녘의 바다소식을 듣고 새로운 기운을 얼마쯤은 충전할 수 있을 것이다. 제철 맞은 학꽁치가 떼지어

해면 위로 솟구칠 때면 온통 은빛으로 빛나는 바다를 기억해내며 나는 탄성을 지를 것이다.

날씬한 자태에 곧게 뻗은 아래턱과 끝부분의 작은 홍점이 마치 학의 부리와 흡사한 학꽁치는 진짜 낚시꾼들한테는 미운 천덕꾸러기 취급을 받는다. 밑밥을 주면 감성돔 대신 새까맣게 몰려들어 꾼들에게는 미움을 받지만 초보들에게는 쉽게 쿨러를 채울 수 있어 좌절 대신 용기를 주는 놈이기도 하다.

지우는 우리의 작은 만찬을 준비하느라 분주하였고 그녀의 남편은 익숙한 솜씨로 칼질을 하고 있었다. 회색 도시의 식탁에 은빛바다가 그대로 옮겨와 있었다.

깻잎 곁들인 상추 위에 얇게 저민 회를 놓아 입안에 넣으니 달착지근 쌉싸름한 맛이 목울대를 타고 넘었다. 사는 게 버거워질 때마다 나를 표나지 않게 위로해주는 그들 부부의 정이 새삼 잔잔한 감동으로 여울져 콧등이 싸아했다.

10여년 전 나는 매우 어려운 처지에 있었다. 그동안 아이들을 키우며 조금씩 저축할 정도가 되던 사업이 내리막길을 걷기 시작하여 복구할 수 없는 손해를 보게 되었다. 가진 것이라곤 겨우 살고 있는 작은 아파트뿐 먹고살 일이 막막했다. 당장 벌어먹을 일이 까마득하던 차에 영업

용택시라도 몰아야겠다고 한 것이 더 큰 화근이 되었다. 빗길에 미끄러지며 사고를 낸 것이다. 피해차량이 4대나 되었다.

매일 밤 악몽에 시달리며 진땀을 흘리고 15층 아파트에서 뛰어내리고 싶은 충동에 사로잡히던 바로 그때 그녀가 내 곁에 있어 주었다. 어쩌면 죽고싶도록 힘들던 그 시절을 별 후유증 없이 넘기게 해준 것도 그들 내외 덕택일 것이다.

학꽁치를 썰며 쾌활하게 바다소식을 전해 주는 그녀의 남편으로부터 또다른 모습을 본다. 내색은 않지만 나는 그에게도 경제한파가 비켜가지 않았음을 눈치 챌 수 있다. 요즈음 부쩍 잦은 바다낚시는 아마 새로운 힘의 충전을 위함일 것이다. 겨울바다와 칼바람에 맞서서 낚싯대를 드리우며 그가 기다리는 것은 대어만은 아닐 터이다. 그의 어깨에 얹힌 가족의 무게와 그에 비례하는 사랑을 자산으로 다시 비상할 날을 위해 날개를 잠시 쉬는 것이리라.

자신의 힘겨움 잠시 감추고 세월을 낚는 남자. 저만큼 다가선 태풍을 느끼면서도 낚시를 드리우는 남자. 아마 그는 얼마 지나지 않아 날개를 훨훨 펼치며 높이 높이 비상할 것이다. 내게서 힘겨운 세월이 비껴갔듯이 나는 그들의 어려움도 그의 의지 앞에 오래 머물 수 없음을 믿는다.

해풍 머금은 만찬은 한동안 내 삶에 또 다른 힘이 될 것이다. 가슴에 가득 찬 우정의 온기가 흐트러질까봐 어깨를 웅크리고 돌아서는 나를 그녀와 그녀의 남편이 한참을 지켜보고 서 있었다. 때마침 내리기 시작한 꽃잎 같은 백설이 그들의 머리에 쌓이고 있었다.

* 학꽁치 : 학공치

귀여리에서

천둥을 동반한 빗소리에 잠을 설쳤다. 이렇게 달구비가 쏟아지는 밤이면 산과 강, 나무와 새들은 어떤 모양으로 잠을 청할까. 못내 안달이 났다.

뿌연 안개를 헤치고 그들을 만나러 새벽길을 나선다.

제일 앞에 납작 엎드린 산, 그 뒤로 살포시 웅크린 산, 그 너머 무릎 세워 몸 일으킨 산, 산. 그들이 선잠 깰까봐 발자국소리까지 죽이며 다가간다.

간밤의 거센 빗발에도 산은 꿈쩍 않고 있는데 강물은 아픔 속으로 내처 삼키다 더는 참을 수 없어 속을 뒤집었는지, 시뻘건 황토를 내뱉으며 몸을 뒤틀고 있다. 온몸으로 감싸 안던 모든 것을 토악질하듯 내뱉으며 뒤척이고 있다. 한없이 넓고 깊게 보듬는 것에 만족하던 강도 가끔은 강한 거부의 몸짓으로 오롯이 자신을 뒤집어놓을 수 있는 날이 필요한지 모른다.

사람살이에 지칠 때면 나는 이 길로 나선다. 너무 가라앉아서 정적감에 휩싸일 때도 좀은 마음을 출렁이고 싶어서 이 길을 달린다.

그저께 동살에도 나는 푸른빛으로 깨어나는 이곳에 왔었다. 그날의 강은 모성으로 풍경을 끌어안고 있었다. 밤새 강물에 몸 담그고 자다 눈곱을 떼고 꿈에서 깨는 산을 보여 주었다. 자욱하던 물안개가 나보다 먼저 산이 뒤척이는 소리를 들었는지 어느새 산등성이로 올라가고 있었다. 물에 드리운 그림자는 그냥 두고 기지개를 켜는 산의 기척에 수초들 사이에서 청둥오리 한둘이 깨어나고 있었다. 부지런한 암컷은 먹이를 찾느라 물살을 가르고 곱게 머리 빗어 단장한 수컷은 뒷짐을 진 채 유유히 멱을 감고 있었다.

게으른 오리 한 마리 무리에서 벗어나 들 깬 몸짓으로 강물에 잠긴, 아직 산이 개키지 못한 잠자리를 망가트리고 있기도 했다. 한 쪽에서는 무슨 못된 꿈을 꾸었는지 두어 뼘 남짓한 금빛 물고기 지느러미 번쩍이며 수면 위로 솟구쳤다. 그 몸짓에 수초 속에 있던 피라미들 놀라 작은 소란이 일었다. 갈밭에서 긴 목을 빼고 그 소란을 지그시 지켜보고 있는 왜가리…. 그 모든 것을 품어 안고 있던 그날의 강은 황톳물을 토하는 오늘과는 영 딴판으로 넉넉하고 평온한 모습이었다.

누군들 평온한 날만 있을 것인가. 참다못해 더는 어찌해 볼 도리가 없을 때 저 강처럼 속내를 한 번쯤 뒤집어 스스로를 정화시킬 수 있다면 그도 좋을 일이다. 그래서 나는 마음을 추슬러야 할 때면 늘 귀여리 강가에 선다.

공주병 두엇

나는 지금 중병에 걸려있다. 그것도 심각할 정도이다.

고풍스런 분위기의 그 찻집에 들어서면 마치 내가 16세기 중세 어느 성주의 딸이라도 된 양 아득한 심연으로 빠져든다.

그곳은 마른 꽃들과 꽃잎 향기로 그득한 승강기를 타고 올라가면 입구를 지키고 있는 돌확에서 부평초와 수련이 사랑노래를 부르고 있다.

겹겹으로 쌓아 만든 그리스 신전의 돌기둥을 고스란히 옮겨놓은 양 우뚝 버티고 선 모양새며, 그 기둥에 의지해 팔을 벌려 물구나무 선 듯 출렁대는 주렴. 이마에 닿을 것같이 드리워진 주렴을 밀치며 몸채에 덧붙은 또 다른 방으로 들어서는 순간 여지없이 나는 공주로 변한다.

많은 이야기를 담고 있는 빈 유리잔과 그릇들이 가지런히 진열된 장식장, 낮은 음악소리나 미세한 진동에도 몸을 한껏 흔드는 새빨간 등잔, 둥근 유리병에 푸짐하게 꽂힌 진보라의 칸나가 눈길을 끈다. 작은 꽃잎을 하나하나 붙여 만든 가발 쓴 두 여인의 유리 조상(彫像)과 둥근 테두리를 따라 12개의 양초가 꽂힌 샹들리에, 벽면에는 유목민의 겔에서나 봄직한 검은 망사까지 기다랗게 늘어뜨려져 있다. 내 키의 몇 배 높이에 걸린 이 장막이 바람에 살랑거리면 물결인 듯 묘한 분위기가 연출된다.

고개를 들면 천장 속의 투명한 유리 연못에 담긴 나뭇가지가 흔들거리고, 물고기 몇 마리의 춤사위로 하여 나는 늘 아련하기만 하다.

다시 시선을 아래로 옮기면 기름등잔과 포도주잔에 놓인 밀랍촛불, 잉걸불모양을 본뜬 조명등에 담긴 마른 꽃과 이파리들, 전혀 해독이 되지 않는 상형문자 테이블보, 그 위에 원두커피 가루를 담은 재떨이 아홉 개. 이 모두가 나를 환상의 세계로 이끌어 주는 요술양탄자가 된다.

얼마 전 몬테카를로 발레단의 '신데렐라'를 보았다. 허공을 가르며 만드는 몸짓 언어들, 무대가 좁도록 훨훨 날아다니는 반짝이는 작은 발, 잿빛 원피스를 입은 신데렐라의 춤사위가 숨막히는 긴장 속으로 나를 이끌었다.

다른 배역들의 화려한 모습과는 대조적인 옷차림이지만 돋보이는 순결한 몸빛으로 무대를 가득 채우는 신데렐라, 그녀의 발끝과 손가락의 여울을 따라가다 절로 환상 속으로 빠져들었다. 안무가 장 크리스토프 마이요는 신데렐라에게서 무거운 유리구두를 벗기고 금가루를 묻힌 맨발로 춤을 추게 하였다. 더욱 자유롭게 제 삶의 춤을 개척하라고 그는 신데렐라의 토슈즈를 벗겼으리라.

그녀의 눈부신 발에 시선을 빼앗기다 앞자리에 앉은 눈 맑은 소녀와 나는 같은 또래가 되었다. 영혼이 순수하기에 더 큰 감동이 파도칠 낯선 소녀의 심장 박동이 내게서도 들리는 듯했다. 가랑잎처럼 건조하던 내 가슴 밑바닥에서 뜨거운 기운이 마구 솟구쳤다. 한없이 무뎌졌던 감성의 나울 위를 뜨거움이 출렁이며 파도로 밀려갔다.

내 어깻죽지에서도 날개가 돋는다. 맨발의 나를 무대 위에 세운다. 한 마리 나비가 순한 날갯짓을 해댄다.

이처럼 내 공주병은 때로 전혀 다른 방향에서 찾아들기도 한다. 해부학적으로 남녀의 뇌는 차이가 없으나 시상하부에서 분비되는 호르몬이 다르다고 한다. 그래 어렸을 때부터 여자애는 주로 인형놀이와 예쁜 것에 눈을 돌리며 남자애들은 자동차를 즐겨 가지고 노는 것 같다는 생각을 해왔다.

누구든 어린 시절 한때 꿈의 신데렐라 과정을 거치지 않은 이는 없을 것이다. 원래 '재투성이 소녀'란 뜻의 신데렐라 이야기는 세상에 천 개가 넘는다. 고난을 딛고 일어서 신분상승을 꾀하는 신데렐라야말로 여성들의 근원적인 꿈이 아닐까. 나도 분명 여자이고 그런 꿈을 꾸던 시절이 있었다. 그러나 현실이란 벽에 부딪혀 그 꿈은 내 것이 아닌 양 체념했을 뿐이다.

언젠가부터 나는 스스로 여자이기를 포기하고 살아온 셈이다. 어쩐지 여자로 보이는 것마저 부담스러웠다. 내 속의 여성스러움을 애써 누르면서 건조하고 씩씩한 듯 행동해 왔다. 우긴다고 될 일도 아니련만 여자가 아니라고 억지 쓰곤 하였던 것이다.

그런데 어느 날 무심히 거울을 보다 소스라쳤다. 바싹 마른 낙엽소리가 나는 여자가 거기 있었다. 전혀 물기라고는 없어 보이는 그 여자는 슬쩍 건드리기만 해도 바스라질 것 같았다. 낯선 그 모습이 눈에 들어오자 삶의 무게에 휘둘려 흔적 없이 사라진 내 젊음이 억울하여 견딜 수가 없었다.

마침 찬바람머리에 물기 모두 빼앗긴 참나무 잎을 바라보던 때가 망연히 떠올랐다. 매운 바람에 마지막 춤을 너울너울 추며 땅으로 돌아가던 가랑잎들. 그 덩거칠던 상황에서 반쯤 벗은 나뭇가지에 걸린 촉촉한 초승달이 그나마 나를 안도케 했던 기억 말이다.

신데렐라를 꿈꾸기에는 적지 않은 나이지만 가끔 공주병에 빠진다고 누가 흉볼까. 요즘 나는 한 잔의 차를 마시면서도, 내 방 깊숙한 데서도 스스로의 중병을 즐기는 중이다. 내 마른 잎 끝에도 물기 머금은 달 하나 희망처럼 걸고 싶어서이다.

제 2 부

누군가 내 가슴에

하늘, 땅, 새

갈밭 소리

당신은 그 소릴 들어 보셨나요. 찬 비 온 다음날 젖은 몸으로 우는 갈대의 소리를 말이에요. 빗물 흠씬 밴 몸을 서로 부딪치며 내는 그 소리를요. 물기 없이 서걱대며 돌개바람에 이리저리 흔들리던 지난 가을과는 전혀 다른 그들의 언어를 말입니다.

겨울의 끝자락 갈숲에 섰습니다. 지난봄부터 갈피갈피 밀어 올렸던 꿈을 가을에서야 드디어 하얗게 꽃피웠더랬지요. 그러다 난데없이 눈비 섞어치는 칼바람에 놀라 땅으로 낮게 몸 눕히며 붉디붉게 울음 우는 소리를 듣습니다.

늦은 가을, 큰 키 나무에 기대어 흔들리는 그들 무리를 만난 적이 있습니다. 그날은 마른 노랫소리도 들렸지요. 갈밭에서 스란치맛자락 스치는 소리가 나대요. 개망초 대궁이 서로 몸을 부비며 내는 소리는 또 어떻고요. 꼭 작은 스푼으로 샤베트를 뜰 때 나는 소리 같았지요.

고니 흰 구름으로 떠 서로를 겨루고 있는 강물에 햇살이 스러지는 소리를 당신도 들어보셨나요.

등 뒤 키 낮은 숲에서는 새들이 부산스러웠습니다. 한참 발길을 멈추고 속닥임을 엿듣다가 고개를 갸웃했지요. 그들은 지금 사랑을 나누는 것일까요, 아니면 축제라도 펼치는 것일까요. 그도 아니라면 혹시 그들 나름의 내밀함을 나로 인해 방해받아 불평하는 것은 아닐는지요. 거듭 거듭 나는 속으로 방해할 마음 전혀 없었다고 부인하지만 안심 시킬 수단이 없어 안타깝고 민망합니다. 그들과 나 사이에 가로놓인 벽이 느껴지네요.

당신은 그 모습을 보셨나요. 소리만으로는 심이 차지 않는지 몸짓으로 춤을 추는 모습을요. 어둠이 날개를 길게 펼 때 아래로 아래로 몸 낮춰 바람을 맞는 모습두요. 한살이를 끝낸 야생초들이 자연에 순응하며 몸빛을 바꾸는 것이 무척 순해 보입디다. 연회색 강아지풀, 뿌연 개망초, 대궁을 불그레하게 물들인 억새 무리 그 모두가 땅의 색을 닮아가고 있었습니다.

미사리는 그들의 치열한 삶터입니다.

갈대, 물억새, 부들, 달뿌리풀, 창포, 줄, 버들, 강아지풀, 부래옥잠, 여뀌, 띠, 갯버들, 개망초 등등이 서로 자신들의 영역을 고수하며 살고 있었습니다. 어쩌면 그렇게 끼리끼리 어깨걸이를 하고 있을까요. 그들은 혼자 나서지 않고 모여 사는 법을 일찌감치 터득한 것 같습니다. 아니면 홀로 피어서는 너무 보잘것없지만 군락을 이루면 장관이라는 사실도 알아챈 것이겠지요.

무리 지어 사는 게 어디 풀들 만인가요. 갈밭 비껴난 웅덩이에 떼지어 노니는 청둥오리들이 보입니다. 그중 두 마리 하늘로 궁둥이를 치켜들고 발은 수중발레리나처럼 헤적이며 먹이를 찾고 있네요. 나름의 삶을 위해 오늘도 그들은 동분서주합니다. 겨우내 둥우리를 틀어 밀어를 속삭이던 그들이 떠난 자리에 봄이 올 것입니다.

봄은 그 소리들의 합주로 오는 것이 아닐까 싶습니다. 그 모든 것들의 춤사위가 봄을 불러들이는 것이 아닐는지요. 그렇지 않으면 어느 봄날 한꺼번에 그처럼 넘치는 힘으로 뿜어져 나올 수가 있을까요. 이 모든 섭리가 자연의 이치라는 걸 깨달았습니다.

철새 날다

두물머리를 거쳐 한강의 이름을 부여받은 곳에 고니들이 하얗게 내려 앉아 있었어요. 처음 그들을 보았을 때는 날갯깃에 머리를 파묻고 있어 솜덩이인가, 밤새 소식없이 살포시 내린 첫눈인가 하였지요. 갈숲 한 바퀴 돌아 나오니 긴 목 쭈욱 빼고 유유히 강물의 흐름에 몸을 맡기고 있어 「백조의 호수」를 춤추는 무용수 같기도 하고 소녀의 여린 손끝으로 접은 종이학 같기도 했습니다.

그날 마른 숲에는 고니 한 마리 외따로 웅크리고 있기도 하였지요. 무서리 내린 날 알을 품을 리 만무하고 먼 비행 끝에 날개라도 다친 게 아닌가 걱정했는데 다음날 보니 그가 앉았던 풀밭이 동그마니 비어 있어 안도의 숨을 쉬었어요. 도랑이 가로막아 사람의 손길이 타지 않는 곳이니 틀림없이 저들의 무리 속으로 다시 섞여들었을 테니까요.

백조라고도 불리는 고니는 그 우아한 자태로 동화 속 공주나 왕자의 변신으로 곧잘 나타나지만 지구 오염으로 그 수가 점점 줄어들고 있다니 안타깝네요. 그러고 보니 수난을 당하는 새가 어디 고니뿐인가요. 발을 손처럼 사용하고, 인간처럼 말하며, 사람처럼 헌신적으로 사랑하여, 그래서 사람들을 열광시키는 앵무새. 그중에서도 스픽스유리금강앵무는 신비로운 파란 빛깔 때문에 더 열광적인 사랑을 받아 멸종되었다고 하네요. 남획과 서식지인 숲의 파괴로 야생상태에서 멸종된 스픽스앵무새. 아이러니하게도 인간에게 사랑받아 멸종하다니요.

누가 더 많은 종류의 새를 북아메리카 안에서 목격하는지를 겨루는 시합이 있다고 합디다. 참가자들은 철새 이동 경로를 찾아 엄청난 경비를 들이며 미친 듯이 쫓는다고 하네요. 설마 그들의 철새에게로 향하는 집착도 멸종으로 이어지지는 않겠지요.

얼마 전에 강이 우는 소리를, 얼음이 갈라지는 소리가 듣고 싶어 길을 나섰다가 겨울강 둔치에서 또 다른 철새들과 해후를 했지요. 새까맣게 내려앉은 후조(候鳥)를 보면서 그제야 눈치 챘습니다. 가슴을 꽁꽁 얼린 강은 새를 품지 못하는 것을.

저물 녘 집으로 돌아오는 길에 그들의 화려하고 장엄한 군무에 넋을 잃었더랬어요. 하늘을 수놓으며 날갯짓하는 새떼들, 어느 무용수의 춤사위가 그처럼 아름다울 수 있을까 싶게 감동적이었지요. 음악이 있는 것도 구령이 있는 것도 아닌데 머리를 서북향으로 두고 사람 인(人)자를 그리며 일사분란하게 열을 맞춰 차례로 비상하는 수천 마리 새떼들의 모습이라니요. 더러는 게으른 놈 한 마리 뒤늦게 날개를 퍼덕이며 무리를 따르는 품새가 웃음을 자아내게도 했지만요. 언제쯤 나도 자연에 순응하는 저들처럼 사는 법을 배울는지요.

천년도 더 전 경도 측정이 되지 않았던 때 끝없이 펼쳐진 바다를 넘어 새로운 이상향의 나라를 찾던 항해자들은 돛단배 한 척, 또는 그 이상의 쌍선 카누를 타고 바다로 조심스레 나갔다지요. 지상낙원이 그리 쉽게 도달할 수 있는 곳이던가요. 희생자 또한 수를 헬 수 없을 정도로 많았다고 합니다. 바다 한가운데서 길을 잃고 헤매던 뱃사람들에게 새 떼는 행운에 다름 아니었지요. 새가 날아가는 방향은 그들 뱃사람들에게 훌륭한 길잡이 노릇을 했을 테니까요.

자신들이 떠나온 곳으로 돌아갈 긴 장도를 앞두고 비행연습을 하고 있는 철새들. 그들을 물안개 깊은 가을날 재회할 수 있기를 고대합니다.

하늘 그림

다 저문 저녁 때 하늘을 날아보신 적 있나요. 어둘 녘 하얀 액자 속에 가득 들앉은 그림을 봅니다. 두 뼘과 세 뼘 남짓의 사각틀 한가운데 가로선을 굵게 긋고 우리가 사는 땅 쪽으로는 짙은 군청색 어둠을 깔았습니다. 그 위로는 불타는 자홍색이 아스라이 펼쳐져 있군요. 타는 핏빛이 조금씩 엷어지다 못내 푸르디푸른 청빛이 됩니다. 개밥바라기만이 그 넓은 창공에 점 하나로 찍혀 도드라져 보이네요.

하늘 위에 하늘이 또 있다니 어린 날에는 상상조차 못한 일입니다. 일몰과 더불어 낮과 밤이 바뀌는 하늘을 우러르며 별자리를 보고 꿈을 키우던 때가 있었지요.

조금 나이 들어 한가로운 곳에 작은 보금자리를 갖고 싶던 적도요. 옛님처럼 자연은 울타리 삼아 둘러두고 팔을 뻗으면 손이 닿을 만한 곳에 과실나무 한 그루 심고 싶었던 것도 다 하늘 때문이었지요. 작열하는 태양 아래 타는 갈증 감추고 활화산 같은 정열 뿜는 능소화에 반한 탓이기도 했지만 어쩌면 그건 순전히 능소화가 저 노을빛 닮은 까닭이었을지도 모르지요. 이제는 내 시야가 닿는 곳 뿐만 아니라 그 너머에 언젠가 내가 돌아갈 또 하나의 하늘이 있다는 것을 압니다.

어느새 하얀 프레임 속이 검정색 일품으로 채워졌네요. 비행기가 나래를 펴는 순간부터 김포공항에 다리를 접는 45분 동안 그 광경을 놓칠세라 눈을 깜박이는 것조차 아까워하였지만 하늘은 낮에서 밤으로 넘어와 있군요.

내일 아침을 위해 나는 깜깜한 밤을 헤치고 버스에 오릅니다. 언젠가는 돌아갈 하늘과 땅, 그날까지 나는 길 위로 나선 나그네니까요.

다시 병점

지난 주말 예정에 없던 천안행 전철을 탔다. 천안의 최선생님은 자신도 서울시민이라고 자처하신다. 그 이유가 전철 한 번만 타면 서울로 입성이니 이게 바로 같은 생활권의 시민이 아니냐는 것이다. 최선생님의 자랑에 다분히 영향을 받아 반나절 나들이 길에 올랐다.

전철이 도심을 벗어나자 차창으로 스치는 풍경이 마치 긴 여행이라도 떠나는 양 기분을 들뜨게 했다. 바로 그때 새로 지은 큰 역사가 눈길을 끌었다. '병점역' 이었다. 나는 내 눈을 의심하여 다시 한 번 확인했지만 틀림없는 병점역이었다. 초라하고 쓸쓸하던 간이역 대신 현대식으로 웅장하게 지어진 건물에 격세지감을 느끼지 않을 수 없었다.

병점역. 그곳에는 열다섯 살의 내가 있기 때문이다. 주소 하나 달랑 들고 아버지를 찾아 천릿길을 가던 소녀가 있는 까닭이다.

어느 봄날, 갈 길은 아직도 먼데 생텍쥐페리가 사막에 불시착을 했듯 나는 그곳에 떨궈졌다. 전날 어스름 무렵 나는 마산역을 출발했었다. 삼랑진에서 열차를 바꿔 타고 장장 10시간 만에 도착한 서울. 다시 신탄리행을 타야하는데 남행열차를 잘못 타는 바람에 병점역에 내동댕이쳐지듯 내릴 수밖에 없었던 것이다. 그것도 한 번도 아닌 두 번씩이나 똑같은 실수를 해가며….

못내 걱정스러운 기색인 할아버지와 이모에게 웃어 보이기까지 하며 내 꿈을 좇아 열차를 탔지만 세상살이가 그렇게 호락호락하지 않다는 것을 그날 소소리바람이 어린 가슴 할퀴던 그곳에 앉아 뼈저리게 느껴야 했다.

꽃샘추위가 귓불을 에던, 특급열차는 애당초 서지 않는 간이역. 온종일 나를 붙잡아 둔 그곳의 핏빛 저녁놀, 그 처연한 빛깔이라니. 하루의 고단한 여정을 접고 양산봉 너머로 지며 나를 더 서럽게 하던 해의 이별의식, 태양도 안식을 위해 숲 속으로 스며드는데 갈 곳 잃은 내 심정은 막막하기만 했다. 그날 이후 아주 오랫동안 저물 무렵 노을빛만 보아도 전신을 엄습하던 오슬오슬한 한기.

내 의식 속에 오롯이 들앉은 그날의 황당함이 아직 생생한데 그곳에 세워진 웅장한 현대식 역사가 예사롭지 않음은 당연한 일일 것이다.

옛모습 간데없는 느치미마을도 하늘을 찌를 듯 솟아있는 아파트 이름으로만 남아있다. 교회당이던 역 앞의 빨간 벽돌 건물만이 유일하게 이방인처럼 예전 모습 그대로 서 있다. 다만 '30년 전통 선짓국' 간판으로 바꿔 달고서.

내 인생의 첫 출발점이었던 병점의 변모만큼 나 또한 많이 변했다. 간간이, 그러나 내가 느끼기엔 자주 나를 당혹케 하던 장애물들. 그 간이역에서처럼 황망한 상황 앞에 나는 매번 온몸을 떨어야 했다. 자신이 바라는 것은 이루어지지 않고, 우연히도 나쁜 방향으로만 전개되는 '머피의 법칙' 이 내 경우인가 생각될 정도였다.

그러나 잃는 것만 있으랴. 장애물에 자주 부딪히다 보니 고통 속에서 살아남는 방법을 나름대로 터득할 수 있었다. 사람의 한뉘가 기쁨만으로 가득 찰 수는 없지 않은가. 우주자연의 생성근본원리이며, 창조적 우주관을 담고 있다는 태극문양도 오르막과 내리막이 있듯이 불운이 지난 다음엔 그만한 대가의 행운도 따른다는 이치를, 불운의 부피가 큰 만큼 그 상황을 극복하고 난 뒤의 성취감 또한 크다는 것을 알았다. 도리어 그 모든 것이 섞여 나를 자라게 하는 자양분이 되었음도….

어려서부터 약간의 총기 때문에 주위분들의 귀여움을 많이 받았다. 칭찬에 우쭐하여 내 뜻대로 세상이 굴러가려니 했던 때가 있었다. 어른들이 무조건 내 편이 되어 치켜 주는 바람에 내 생각이 항상 옳거니 여겼고 당연히 모든 결과도 성공적일 것이라 믿어 의심치 않았다. 산처럼 높고 견고해 보이는 외할아버지가 든든한 나의 보루였으니 무서울 게 무에 있었겠는가. 그러니 인생길이 순탄했더라면 한없이 교만해져서 나밖에 모르는 이기적인 사람으로 성장했을지도 모른다. 어려운 처지의 사람에게 조금이나마 짠한 마음을 가질 수 있음은 불운이란 이름으로 내 앞에 서던 그 상황들이 나를 성숙시킨 탓이리라.

세월의 둘레를 세 바퀴쯤 돌아 다시 병점에 선 지금 과연 나는 어디쯤 와있는가 되돌아보게 된다.

30년 전통의 선짓국집 붉은 휘장이 깃발처럼 나부끼고 있다.

신라의 미인

자동차소리가 요란한 한길에서 몇 발자국 되지 않는 곳에 이런 세계가 있다니…. 숲으로 들자마자 갑자기 앞을 턱 막아서는 시선과 부딪혔다. 신선한 충격에 휩싸인다.

『삼국유사』에 의하면 신라 경덕왕이 백률사를 찾았을 때 어디선가 염불소리가 들려 땅을 파 보니 네모난 큰 바위가 나왔다나. 그래서 바위의 사방에 불상을 모시고 절을 지어 굴불사(掘佛寺)라 하였다지만 지금은 오롯이 석불만 남아있다.

도심에서 묻어온 티끌을 잠시 털어내고 1,300년을 살아남은 삼존불과 눈을 맞추는 순간 그 위용에 숨이 멎을 것만 같다.

가운데 본존불은 신체만 돌기둥에 조각했고 머리는 따로 만들어 우뚝 솟구쳐 놓았다. 등에 멘 바위가 마치 중생들의 업을 송두리째 그러

모아 짊어지고 있는 듯하다. 왼쪽에 선 입상은 머리를 잃어버렸지만 남은 모습으로서도 어림짐작할 만한 기품을 내뿜고 있다. 그런데 우측 아미타여래가 강렬한 느낌으로 나를 전율케 한다. 특히 그의 미모에 가슴이 뛴다.

신라의 미인이 이토록 아름다웠단 말인가. 어디 아름다움뿐인가. 가슴을 내밀고 선 그 늠름한 자태가 현대의 미인으로도 넘볼 수 없는 매력을 지녔다. 머리에 높은 관을 쓰고 있어서만은 아니다. 당당하면서도 넘쳐흐르는 귀품을 그 누가 따를 수 있으랴. 지그시 내려다보는 눈매와 온전한 코, 귀 모두가 잘도 조화를 이뤘다.

손바닥이 바깥으로 향한 오른손과 주름진 옷자락 끝에 살짝 닿아 있는 왼손, 힘을 모으고 선 발가락이 얼마나 섬세한지 살아 움직이는 입체감으로 다가온다. 오랜 세월도 모양을 흩트리지 못한 그 발로 금방이라도 걸음을 뗄 것 같아 조바심이 인다. 내가 남정네라면 저런 미인에게 반하지 않고 어이 배기랴.

어느 누구의 솜씨가 저토록 섬세했던가. 혹여 그는 사랑하는 연인을 바위에 심은 것이 아니었는지. 사모스서의 조각가 피그말리온처럼.

피그말리온은 완벽한 여인을 만드는 것을 목표로 끊임없이 돌에다 조각을 했다고 한다. 그리고는 마침내 자신의 마음에 쏙 드는 완벽한 여인상을 만들어냈다. 자신의 대리석 연인에 빠져있느라 다른 처녀들에게는 눈길도 보내지 않은 그는 필연적으로 이룰 수 없는 사랑에 빠질 운명이었다. 그녀의 입술을, 그녀의 눈동자를 바라보기만 해도 사랑의 감정이 끓어오르는 것을 어찌할 것인가. 마침내 그의 애절한 소망은 비너스 신에게도 전해졌다. 차갑던 대리석은 피가 흐르고 심장이 뛰는 여인이 되었다던가. 그러나 행복도 잠시, 흐르는 세월 따라 변하는 여인의 모습을 고통스레 지켜봐야 했으니….

이곳에 아미타여래를 새긴 도공은 피그말리온보다는 훨씬 높은 수를 두고 있다. 욕심 버린 그로 인해 천년을 훌쩍 넘긴 이제도 변함없는 미모로 살아있지 않은가. 영원한 사랑의 주인공 그는 거듭 거듭 윤회를 하여 지금도 사랑을 나누고 있을 것 같다.

시계방향으로 탑돌이를 하는 신라인의 후예들을 따라 나도 왼쪽으로 천천히 걸음을 뗀다. 북쪽면에 두 입상이 있다. 오른쪽은 돋을새김의 둥글고 예쁜 얼굴에 굴곡 있는 우아한 자세이며, 왼쪽은 얼굴이 열하나에 여섯 개의 손을 가진 관음보살이 얇은 선으로 음각되어 있다.

다시 옆으로 돌자 지그시 눈감고 해 뜨는 쪽을 향해 가부좌를 튼 약사여래좌상의 모습이 의연하다. 활기차고 긴장감이 넘쳐흐르는 신체에 발바닥이 애교스럽고 왼손바닥에 올려놓은 여의주가 선명하다.

그런데, 인생의 굴곡이 이마에 선명한 한 노파가 약사여래 무릎 아래 앉아 장정 두엇이 매달려야 들 수 있을 듯한 바위를 조약돌로 갈고 있다. 맷돌을 돌리듯 쉬지 않고 움직이며 연신 주문을 왼다. 간절한 기원이 약사여래에게 닿고도 남겠다. 무슨 사연이 저토록 절절할까. 혹시 자식이 불치의 병이라도 걸렸단 말인가. 덩달아 나까지 숙연해진다.

노파의 모습 위로 옛사람 희명(希明)과 그 어미의 모습이 겹쳐진다. 분황사 관음보살에게 매달리던 까마득한 신라의 여인들이다. 눈 먼 딸 희명을 앞세운 그 어미의 피를 토하는 비손이 관세음보살에 닿았다는 전설을 옛이야기로만 돌려야 하는가. 지금 저 노파도 하나뿐인 아들의 명을 잇기 위해 저토록 통절히 자신의 몸뚱이를 갈 듯 돌을 갈고 있는 것은 아닐는지.

노파에게 끌리던 애잔한 마음 추슬러 남쪽을 바라보니 입체감이 풍부한 미륵불이 서 있다. 미래세계에 나타나 중생을 구제한다는 미륵불. 풍성한 몸매에 늘어뜨린 옷주름의 묘사가 매우 뛰어나 금방이라도 치맛자락 스치는 소리가 들릴 것 같다. 그런데 초로의 남자가 그 앞에서 촛불을 켜고 있다. 그는 또 무슨 염원을 촛불에 담고 있는 것일까? 갑자기 모든 게 아득해진다.

신라의 서울 경주는 어느 곳을 가도 선인들의 숨결이 살아있다. 남산

이야 말할 나위없지만 오늘처럼 어느 산을 오르던 운만 좋으면 천년이 훨씬 넘는 세월에도 지워지지 않은 미소와 맞닥뜨린다. 곳곳에 숨어있는 부처들, 그들의 모습에서 신라인들은 너나없이 모두 예술혼을 가진 사람들이었음을 눈치 챈다. 골짜기마다에 그들 순연한 신앙을 새긴 마음, 서방정토를 염원하던 원력(願力)이 지금에까지 이어져 있다.

고뇌와 슬픔, 행복과 불행 그 모든 것을 바위에 새긴 마음, 그것이 신앙이 되었으리라.

공원으로의 잠행

가끔씩 들르는 도심 속의 공원은 비록 작은 공간을 차지하고 있지만 제법 다양한 나무를 안고 있다. 자귀, 오동, 단풍, 배롱, 은행, 목련, 후박나무 등등. 그것만으로도 매연에 찌든 우리의 심신을 위로해 주기에 족하다.

나는 나무 그늘과 향기에 끌려 그곳을 찾지만 또 다른 이유로도 간다. 공원에 들면 나를 반겨주는 이가 있다. 깜장 연미복에 하얀 나비타이를 한 그는, 네 발에 흰 구두까지 신은 아주 멋진 폼으로 나를 맞는다.

처음 그를 만난 지지난해 겨울에는 노르께한 털을 가진 점박이 암컷과 상당히 다정스런 모습이었는데 이듬해 봄에 다시 만났을 때는 그 홀로였다. 겨울 넘기기가 몹시 힘들었는지 아니면 그도 이젠 쇠로한 것인지 머리께에 듬성듬성 흰 털이 돋아나 짠한 마음이 들었다.

그는 많은 사람들이 붐비는 저물 녘의 공원 분위기를 싫어하여 모습을 잘 드러내지는 않지만 내가 그곳에 나타나면 어디선가 지켜본 듯이 달려와 곁을 맴돌곤 한다. 하여 그에 대한 답례로 나는 '살진이'란 이름을 선사하였다. 집에 키우는 강아지 호야의 먹이를 이따금 가져다주면 오도독 오도독 소리를 내며 잘도 입맛을 다시곤 한다.

얼마 전에는 한참만에 공원으로 들어서며 그가 또 나를 반길 것인지 나는 긴가민가하였다. 그동안 바쁜 일에 쫓겨 통 발걸음을 못한 터였다. 제 아무리 영리한 놈이라도 이렇게 오랜만에 나타난 나를 어찌 알아챌까 싶어서였다. 그런데 나무등의자에 엉덩이를 채 붙이기도 전에 낮은 포복으로 다가서는 그를 발견한 내 심경은 어땠겠는가. 감동 그 자체였다. 꼭 나를 애타게 기다렸다는 듯한 몸짓이었다.

무슨 말로 서로가 서로에게 끌리는 맘자리를 설명할 수 있으려나. 혹 그와 나는 전생에 무슨 인연이라도 있었던 것일까. 그렇다면 우리는 어떤 사이였을까.

그런데 어제는 암만 기다려도 그가 보이지 않았다. 나지막이 그의 이름을 불러 봐도 기척이 전혀 없었다. 웬일일까. 걱정도 되고 궁금도 하였다. 어느 구석자리에서 혼자 앓느라 웅크리고 있는 것은 아닐까. 아니면 배가 고파 어디 누구네집 쓰레기통이라도 뒤지는 것은 아닐까. 별

별 상상을 다 떠올렸다.

그와의 만남을 포기하고 공원을 막 나서다가 나는 맥문동 꽃밭 앞에서 멈칫했다. 보랏빛 꽃이 다복이 동산을 이룬 듯한 곳에 그림자처럼 그가 앉아 있는 것이 아닌가. 아무 표정 없이 무심한 눈초리로 나를 돌아보는데 내 가슴은 철렁했다.

잎의 물결 위로 한참을 쏘옥 솟구친 대궁과 그 끝에 매달린 꽃이 절정을 이룬 맥문동 밭은 마치 초록 바다에 떠있는 보라빛 섬처럼 보였다. 그 한가운데 나부죽이 앉은 그, 그의 눈빛이 왠지 괭이라고 할 수는 없었다. 어디서 많이 본 듯한 낯익은 광경에 나는 한참을 망연히 서 있었다. 정말 그와 나는 언제, 어디서 만난 일이 있는 것일까….

원래 고양이는 사람에게 곁을 잘 주지 않는 것으로 알고 있다. 개보다 충성심이 덜할 뿐더러 한 번 정을 준 사람 외에는 따르는 법이 없다고 한다.

10여년 전의 여름이다. 강릉에서 민박에 든 일이 있다. 혼자 사는 할머니댁이었는데 저녁이 되자 족히 여남은 마리나 되는 고양이가 온 집을 들락거리며 가르릉 거렸다. 주위를 맴도는 괭이가 몹시 안타까워 먹이를 주었더니 저들끼리 소문이라도 낸 모양이란다. 한두 마리씩 늘어나다가 작금에는 이렇게 무리까지 지어 나타난다는 것이다.

함께 간 내 동생이 그들을 어르는 모습을 본 할머니가 다음날 거의 반강제로 고양이 두 마리를 떠맡기는 바람에 얼결에 낯을 가리는 그들을 상전 받들 듯이 모시고 서울로 돌아왔었다.

그날부터 우리는 그들에게 잘 보이려 무척이나 애를 썼다. 동생은 말할 나위도 없고 나까지 덩달아 틈이 나는 대로 '나비야'를 거푸 불러대었다. 그런데 어쩌면 그리도 매몰찬지…. 아무리 맛있는 생선으로 유혹을 해도 녀석들은 좀체 눈길을 주지 않았다. 나중에는 그 할머니가 우리에게 귀찮은 짐을 떠맡긴 것 같아 은근히 원망스럽기까지 하였다. 그렇다고 그 먼 길을 도로 데려다주러 갈 수도 없는 난감한 형편이었다.

저러다 혹 굶어죽지나 않을까 싶던 어느 날, 두 녀석은 약속이나 한 듯이 목을 묶었던 나일론 줄을 끊고 어디론가 사라져버렸다. 어딜 간다고 길을 나섰는지…. 헝클어진 목줄을 보며 내 심사가 그 줄만큼이나 복잡했던 기억이 생생하다.

이들과의 인연은 그렇게 끝났지만 아쉬운 미련은 여태도 내 가슴 한쪽에 숨어 있었던 모양이다. 회색의 단단한 콘크리트 도시에 잘 적응했다면 그들의 손자쯤은 될 살진이와 또 다른 인연을 애써 만드는 것은 아닌지 은근히 걱정까지 된다. 그렇더라도 나는 그와의 은밀한 만남을 위해 계속 잠행을 할 것이다.

피안에 이르는 길

'도피안사(到彼岸寺)' 란 팻말에 끌려 찾아든 길이었다.

'피안에 닿는다니…. 이 무슨 횡재냐.'

유난히 무더운 날씨에 풀잎마저 지쳐 늘어져 있는 오르막길을 땀 훔치며 걸었다. 그런데 아무리 발길을 재촉해도 피안이 아니라 차안이다.

막연하나마 그곳에는 아늑한 느낌의 단청 바랜 옛 건물이 자연 속에 어우러져 있으려니 했다. 속세를 벗어난 여유를 한껏 부리며 악머구리 끓듯 하는 도심의 소음과 올여름 유별나게 푹푹 찌는 열기를 정말이지 떨치고 싶었다.

그런데 전혀 내가 그렸던 그런 분위기가 아니다. 애써 찾아낸 절은 땡볕에 반짝이는 지붕을 가진 신식건물로 실망감만 더해 줄 뿐이었다.

피안(彼岸)은 강 건너 저쪽 언덕이라는 뜻으로 세속을 뜻하는 차안(此

岸)과 상반되는 말이다. 석가모니는 물이 불은 강을 앞에 두고 우왕좌왕하는 속인들에게 이쪽의 차안과 강 건너 피안을 비유적으로 설법하였단다. 강을 건너고 난 뒤 자신이 타고 온 배조차도 연연하지 말고 버리라 하였다던가. 피안은 이로써 후세에 세속을 초월한 이상의 경지, 즉 깨달음의 세계를 나타내는 해탈을 뜻하게 되었다. 스님들의 고행도 결국 그 해탈의 세계로 다가서기 위해서다.

끊임없는 참선을 통해 육신을 맑혀도 겨우 도달할까 말까한 이런 경지를 아무 염치도 없이 나같은 속인이 엿보려 했으니 언감생심도 유만부동이었다.

그래도 실망감이 앞섰다. 길가에 호랑나비가 도리질을 할 때 알아봤어야 했다. 어디 호랑나비뿐인가, 산새가 '아니오, 아니오,' 하듯 높은 음자리로 지저귈 때 진작 발길을 돌렸어야 했는데…. 혹시나 하는 바람으로 걸음에 걸음을 보탠 것이 불볕더위 속을 뚫고 지나치게 오른 격이었다.

벼락 맞아 한 쪽 날개가 꺾인 소나무의 손사랫짓을 보고서야 체념하는 이 어리석은 중생의 미련함을 어찌 하면 좋을꼬. 헛된 꿈을 꾸며 발걸음 쉬이 체념하지 못한 대가로 더위에 엿가락처럼 처져서 더 길어진 길을 늘여서 내려왔다.

그냥 돌아서기에는 못내 아쉬움 남아 이곳에서 가까운 비봉산 아래에 자리하였다는 죽산리 석불입상을 찾기로 했다.

좁은 밭고랑을 타고 들다 그 모든 걸 상쇄할 수 있는 석불입상과 3층석탑을 만났다. 감탄이 절로 이는 저들의 매력에 조금 전까지의 실망감은 숫제 달아나는 듯하였다.

죽주산성 아래에 쓰러져 있던 것을 옮겨온 연꽃문양 대좌 위의 석조여래입상은 민머리에 지혜를 상징하는 상투를 틀고 두 어깨를 덮은 주름이 풍성한 옷차림이다. 몸체를 약간 뒤로 젖히고 가슴을 내밀어 꼿꼿하게 서 있는 모습이 아주 당당하다. 마을사람들은 이 불상을 미륵불이라 여긴다.

뜨거운 지열에도 아랑곳없이 초연한 자세로 저 만큼 밭 가운데 홀로 선 석탑을 굽어보고 있는 그의 눈길을 좇아 나는 다시 성급한 걸음을 뗀다.

오래 되지 않은 무덤을 거느리고 콩밭에 다소곳이 서 있는 돌탑이 잔잔한 감동으로 파고든다. 흙으로 돌아간 무덤 속의 망자는 높이 솟은 석등을 거느리고도 초라한 모습이건만 돌탑은 제 홀로도 상당히 다부진 모습이다. 달빛마저 자취를 감춘 깜깜한 밤이면 깨꽃을 등불 삼아 밝힌 듯 뒷자락이 온통 하얗다.

이 탑은 통일신라 후기의 승려인 혜소국사가 세운 것으로 전해지지만, 누가 세웠으면 어떠랴. 언제든지 달려와 소원을 빌면 말없이 감싸안아주고 염원을 들어주는 마을사람들의 유일한 의지처인 것을. 땅 깊숙이 발을 묻고 있어 기단부(基壇部) 아래의 완전한 모습은 알 수 없으나 드러난 부분만으로도 충분히 많은 얘길 전한다. 윗돌 굄을 장식한 연꽃에서 향내가 풍기는 듯하여 심호흡을 해본다.

돌탑은 밭 가운데 홀로 섰어도 키 낮은 콩이 포졸들마냥 도열해 외롭지 않아 보인다. 앞 가리지 말라고 작은 키 콩을 심은 밭주인의 속내도 얼마쯤은 짐작된다. 그가 혜량하지 않았다면 나는 오랜 연륜에 더께로 앉은 이끼조차도 잘 마름질한 옷으로 받아들인 석탑을 보기 위해 전봇대의 발판이라도 딛고 오르는 수고를 마다하지 않았으리라. 담 대신 수수로 울타리를 두른 그의 속깊음 또한 무슨 말로 치하하면 좋을지.

그러고 보니 머리 위를 지나는 흰 구름, 덩달아 하얀 꽃을 피운 도라지, 석탑의 뜻을 눈치 챈 것은 아닐까. 이웃한 배롱나무, 호박, 모두가 꽃을 피웠다. 남들 꽃모양에 시샘하듯 잎 끝에 눈처럼 하얀 칠을 하여 자신도 꽃인 양하는 설악초(빙화). 해바라기만 꽃을 못 담았지만 그도 이내 벙글 자세다.

니들만 꽃이더냐, 꽃만큼 예쁜 열매를 단 고춧대가 빠지지 않고 참견을 한다. 한 그루에 올망졸망 달린 고추의 색깔이 다양하다. 푸른 것 아래 붉은 놈을 감추었고 중간에 반 붉은 열매들, 맨꼭대기에는 손자녀석의 고것과 같은 풋것이 사이좋게 한 대궁에 매달려 있다.

전봇대가 줄 지어 서 있은들 무슨 소용이랴. 곁에 있는 도랑께로 돌아드니 적막강산이다. 고요함 속에 잠긴 물소리와 숲의 소리를 귀가 먼저 알아듣고 좇느라 바쁘다.

골짝으로 흘러내리는 물에 맨발 담그고 앉아 손바닥만한 손수건을 적셔 등에 얹자 금세 차디찬 나락으로 떨어져 내린다. 이게 바로 피안이 아니고 무어랴. 두어 발짝 바깥은 지옥 같은 불볕 사정없이 내리꽂히는데 서늘하기 그지없는 한기를 느끼는 지경이니….

피안에 이르고 싶을 때면 다시 이곳을 찾으리라.

석탑이 품고 있는 이 들녘은 사계절 내내 또 다른 색깔과 느낌으로 다가올 게다. 돌빛은 그대로인 듯해도, 석탑의 표정도 그 나름의 것. 그것이 연출하는 세월의 빛깔은 언제나 다를 것이기 때문이다.

복사꽃장

도화나무 하늘을 향해 팔을 뻗어 봄의 축제를 벌인다. 언덕배기를 가득 메우며 춤사위를 펼치는 복사꽃, 누굴 가슴에 담았길래 저토록 붉디붉게 마음을 끓이고 있나. 그 사품을 시새움하는 탱자나무가 가시울타리를 널따랗게 에둘러 그 붉음을 가두려 애쓰고 있다.

저수지 입구의 벚나무 꽃빛이 무색하였다. '그것도 붉음이냐' 고 복숭아나무가 놀리는 듯하였다.

몇십 번, 몇 백번을 맞는 봄이련만 한날같이 철철 흘리는 피, 비알을 물들이고도 아물지 않아 옹이로 불거진 관절. 그도 나처럼 아픈 것일까.

봄이면 내 몸도 싹을 틔우려 든다. 몸 어딘가에 자리 잡는 옹이로 인해 속앓이를 하다 보면 봄이 어느 결에 저만큼 가고 있었다. 몇 번째 치른 해프닝이 공교롭게도 모두 봄이었던 것이다.

매번 몸이 나를 놀리는 것을 알고서 놓친 계절이 아쉬워 긴 한숨을 쉬어본들 무슨 소용이 있으랴. 어쩌면 몸도 주인의 무관심과 혹사에 견디다 못해 지른 비명이었는지 모른다.

이 봄도 그렇게 놓칠 뻔했다. 시난고난하다 에라 모르겠다 떨치고 나선 날, 삼랑진 어름의 복사꽃도 신열에 들떠 언덕을 온통 붉게 물들이고 있었다. 열꽃이 몸을 달궈 고통마저 사라졌나. 무시로 뭉근히 전해지던 통증이 그날은 씻은 듯하였다. 그게 바로 지지난주였다.

그 정경과 빛깔을 잊지 못해 지우(知友)가 싼 도시락을 들고 오늘은 북한강 어귀로 나선다. 남쪽보다도 봄의 화신이 늦게 도착할 터이니 지금쯤 이곳에도 도원(桃源)이 펼쳐졌으리라 여긴 때문이다.

문호리의 바치울 산자락 복사꽃밭에서 밥을 먹는다. 물기 없는 버들개지를 뚝 문질러 젓가락을 만들어 즐기는 우리만의 만찬. 찰밥 한 덩이에 반찬 두 가지일망정 분홍 꽃빛이 사방을 에워싸고 있으니 이보다 더 화려한 성찬은 없을 것 같다. 햇살마저 눈부시니 예가 무릉도원 아닌가.

복숭아나무는 오목(五木) 가운데 가장 정기가 좋다. 이른 봄 찬기운이 채 가시기 전에 잎보다 먼저 꽃을 피우는 복사꽃을 빼고는 도연명의 신선경을 떠올릴 수 없다.

石經雲裡少　　桃花雨剪齊
更添今日寂　　正借昔人迷

돌길은 구름 속에 파묻혀 비좁아지고
복사꽃은 비를 맞아 모두 지고 있어
오늘은 더더욱 적막하고나
옛사람 헤맨 곳이 바로 여기던가

임억령의 「도화경」이다. 돌길이 이어진 골짜기는 구름 속에 묻혀 희미하고 꽃잎은 비에 젖어 떨어진다. 꽃잎을 쫓아 냇물을 거슬러 오르다 무릉도원을 발견한 도연명의 어부를 떠올리는 나그네, 혹여 꽃잎이 떠내려 오는 것이 아닌가 싶어 자꾸 냇물을 곁눈질을 한다.

도화는 그 호사함으로 하여 칭송과 함께 경계도 많이 받았다. 꽃의 화사함을 아름다운 여인, 그중에서도 요염한 여인으로 여겨 옛선비들은 경계했다지만 도리어 춘심에 감응하지 못하는 인색함을 탓해야 하리. 도화 만발한 날 아리따운 여인에게 한눈에 반한 당나라 시인 최호의 솔직한 심경이 가슴으로 파고든다.

去年今日此門中　　　人面桃花相映紅
人面不知何處去　　　桃花依舊笑春風

작년 오늘 이 집 앞을 지날 때는
여인의 얼굴과 복사꽃이 서로 자랑하듯 비췄는데
어여쁜 그 모습은 어디로 가고
복사꽃만 예처럼 봄바람에 웃고 있네

아련한 봄날, 도화 꽃빛이 온 천지를 달뜨게 하는데 사랑하지 않고 어이 배기랴.

심해로의 배 띄우기

허니문 하우스

허니문하우스로 드는 성장한 신사와 숙녀가 부러워 나도 그곳에서 하룻밤 묵기로 작정했다. 한때 이승만 전대통령의 별장으로 사용한 화락원이 별채마냥 딸려있어 아직도 금실 좋은 부부의 다정한 속삭임이 들리는 듯하다.

하필이면 내가 도착한 그 밤은 태풍이 제주를 통과하느라 아주 부산한 날이기도 했다. 콰르르르 쏴쏴, 콰르르르 쏴아아. 밤새 바다가 부르는 소리에 잠을 설쳤다. 왕바람에 뒤채는 파도소리가 내 속을 온통 뒤집어놓는 듯했다.

어둠 속에서 태풍과 맞서는 저 바다, 그 너울은 어떤 형상일까, 몹시 궁금하였지만 비바람 몰아치는 밖으로 나갈 엄두는 나지 않았다. 어차

피 날이 새면 만날 수 있을 터이니 꾹 참기로 했다.

조바심치며 아주 긴 밤을 보내고 갓밝이에 밖을 내다보던 나는 뜻밖에 밤새 내 마음을 끓게 한 것은 파도소리가 아니라 큰 키 야자나무가 잎을 비비는 소리였음을 알았다.

찌를 듯이 하늘로 키 세운 야자나무가 몇 발자국 거리 안에 있는 연인에게 더 다가서지 못해 몸살을 앓는 소리였던 것이다. 쏴르르륵 쏴르락, 콰르르르 콰르르르…. 그래서 그리 애달피 내 가슴을 훑었던가 보았다.

저만큼 바닷가에 서 있는 소나무도 덩달아 가지를 흔들어 보이지만 어림없는 몸짓이다. 소나무에겐 그 나름의 고고한 아취가 있는 법, 각자 자신에게 알맞은 구애방식이 있음과 같이….

큰 바람 지나간 뒤끝이라 하늘은 더 높고 청명하다.

산책길에 나선다. 황록색과 갈색, 흰색을 알맞게 섞어 단장한 작은 새 한 마리가 포르릉 숲을 깨운다. 새가 솟구치던 자리에 동백이 정열을 토하고 있다. 세 가지 색깔이 적당히 어우러진 동백의 숲이다. 검붉은 색, 그 경계를 가르려는 듯 분홍색, 그리고 흰색의 동백 무더기가 그지없이 화려하다. 금방 꽃무덤에서 날아오른 동박새는 사랑에 빠진 것이리라.

죽어서도 기뻐해야 할 일 찾아다니다가
죽어서도 사랑해야 할 일 찾아다니다가
어느 날 네 가슴에 핀 동백꽃을 보고
평생 동안 날아가 나는 울었다.

— 정호승, 「동박새」

배 띄우기

바다를 바라보며 아침을 먹는다. 어젯밤에 섬을 강타하던 태풍이 한라산 너머로 쫓겨 가면서 아쉬움이 남았나 보다. 바다 속 깊숙이 바람 한 자락을 묻어두고 갔는지 여태껏 파도는 높다.

이곳은 허니문이라는 이름에 어울리게 장식이나 벽 색깔이 하얀 색조로 깨끔하고 은은한 분위기다. 네모반듯한 벽 안에 담긴 집기들도 모두 하얗다. 창문틀, 벽난로, 식탁과 의자, 촛대, 접시도 마찬가지다. 오직 양초 세 개만이 새빨간 피를 품어 강렬하게 자신의 존재를 드러낸다. 벽난로 옆에는 참나무장작이 쟁여져 불때를 기다리고 있다.

왼쪽으로는 비스듬히 돌아앉은 문섬이 보인다. 그곳을 향해 달려가던 바위가 안타까움으로 새까맣게 몸을 태웠나, 윗몸 일으킨 청석이 해

안을 따라 즐비하다.

거친 파도는 검은 바위를 향해 사정없이 달려들어 흰 거품으로 부서지고 하늘을 울리듯 요란한 신음을 토해낸다. 그리고 세상의 말을 다 끌어와 충동질을 한다. 포르투갈어, 힌디어, 아프리카의 스와힐리어…, 저 내륙의 언어조차도. 가슴을 요동치는 언어들이 내 속에 잠자고 있는 욕망을 흔들어 깨운다.

정면으로 바라보이는 것은 오로지 바다뿐, 그래서 마치 이곳이 배인 양하다. 바다 한가운데로 나아갈 선박에 나는 타고 있는 것이다. 돔모양의 벽난로 배꼽 근처에 장식으로 붙은 선장의 키(key)가 그걸 잘 말해주지 않는가.

바다에 면한 대형 유리창조차 선장실의 분위기를 한껏 돋우어 키만 잡으면 엄청난 바다로라도 내달을 기세다. 바다와 뭍을 가른 담장에 매달린 등마저도 배의 진로를 나타내기 위해 앞 돛대에 거는 선장등(船檣燈)과 흡사하다. 마침 마도로스 모자를 쓴 이가 옆에 있으니 그를 선장 삼으면 모든 준비는 다 갖춰진 셈이다.

이제 항해를 시작하려 한다. 파도가 높지만 그쯤이사 어떠리. 태평양을 향해 배를 띄운다.

망망한 대해는 끝없이 펼쳐져 가도 가도 끝이 없다. 오로지 태양만이 시간의 흐름을 알려줄 뿐, 갈매기는 잠시 뒤를 따르다 항구를 찾아 돌아간다.

긴 출렁임 끝에 나는 필리핀제도에 이른다. 세계에서 제일 높은 산인 에베레스트보다도 2천미터나 더 깊다는 마리아나해구에서 잠시 멈추어 심해의 소리를 들어봐도 좋으리. 아직 누구에게도 제 모습을 드러내지 않은 깊디깊은 심해의 내밀한 속삭임을 어두운 내 귀로 들을 수 있으려나. 어디 소리를 꼭 귀로만 듣는다던가. 마음으로 들을 수 있어도 괜찮을 듯싶다.

다시 할마헤라섬에 이물을 들이대고 화산지대와 감코노라산을 바라보며 해안선을 한 바퀴 둘러보고 땅내음이라도 잠시 맡으면 멀미쯤은 쉬 달아날 것이다.

인도양 쪽으로 뱃머리를 돌리기 전에 파푸아뉴기니의 하겐고원 톡피신족의 '싱싱(singsing)'이라는 축제를 볼 기회가 주어진다면 운 좋은 일일 것 같다. 화려한 화장에 깃털이며 진주며 동물가죽 등을 덧씌워 토템으로 분장하여 내기싸움이나 신화적 사건들을 재현한다는 무리 속에 섞여들어 나도 한바탕 춤을 추어볼 수 있다면…. 그런데 아직 그곳에는 식인버릇이 있다니 조금도 긴장을 늦출 수는 없으렷다.

그곳을 지나 벵골만으로 들어서면 바로 아라비아해의 뭄바이에 닿을 터. 그러자면 말라카해협을 통과해야 할 텐데, 지금도 해적이 출몰한다니 어쩐지 으스스하다. 어쩔거나, 고민 좀 해봐야겠지. 아라푸라해를 에돌아 인도양으로 들어가도 상관없겠다.

내처 아프리카까지 가고도 싶지만 이쯤에서 꿈의 여로를 접어야할까 보다. 이젠 잠시 밀쳐둔 현실세계로 나를 돌려놓을 차례다.

천천히 계단을 돌아 내려오는데 저 멀리 흰 모자를 쓰고 있는 한라산이 보인다. 그곳은 아직 겨울이건만 나는 아랫동네에서 때 이른 봄내음을 맡는다.

바람아래

목적지를 정하지 않고 나선 길, 솔향기에 취해 안면도를 한바퀴 돌다 섬의 끄트머리쯤에서 눈에 띄는 지명을 발견했다.

'바람아래.'

입속으로 다시 음미해 본다. 계절 탓일런가. '바람' 이 주는 썰렁함에 '아래' 라는 방패막이가 합쳐져 외로움에 지쳐 찾아들면 누구든 가리지 않고 품어주는 곳임에 틀림없으렷다.

표지판을 따라 바람아래로 찾아든다.

가남초등학교 앞에서 오른쪽으로, 빈 들판에 전봇대만 도열하여 소실점으로 보이는 긴 길을 따라간다. 단조롭게 먼 바다께로 뻗은 길을 두어 번 더 꺾자 서 있는 게 전봇대만이랴, 억새도 키를 한껏 돋우어 일렁인다.

겨울들판은 황량하게 비어있다. 지난 가을의 그 풍성함은 어디다 몽땅 빼앗기고 철저히 빈 몸인가. 한군데 진득하게 몸 두지 않고 방황하는 바람을 붙잡지 못해 안달이라도 났는지 제풀에 지쳐 자신의 가슴을 꽁꽁 얼린 웅덩이. 아직도 겨울들녘에서 거둘 게 남았는지 추위도 아랑곳없는 강태공들이 얼음구멍에 낚싯대를 드리우고 있다.

그리움 키우다 지쳤나, 동백잎마저 검자줏빛으로 멍들어 있는 산모롱이를 돌아들자 거기가 바람아래다. 용(龍)이 승천하면서 조수 변화를 일으켜 긴 모래언덕을 만들고 바람의 신(神)으로 하여 평화로워진 곳이라나.

마른 춤을 추는 갈밭을 지나 저만큼 드넓은 갯벌에 목선 한 척이 한 폭의 풍경을 만들고 있다. 그 너머 섬 하나, 평지 같은 난바다, 모든 걸 감싸안고 있는 청빛 해무가 아련하다.

아뿔싸, 물기 없는 갯벌을 가로질러 난데없이 나타난 지프 한 대가 잠자고 있는 겨울바다를 깨운다.

바다보다 창창한 뭍이 있고 뭍보다 단단한 바다를 대할 수 있는 이곳. 황폐해진 영혼을 그러안고 힘겹게 찾아들어도 그래 잘 왔다며 다독여 줄 것 같은 곳이 바로 이 바람아래다.

사계절 연습

묘한 상상의 세계로 이끄는 그 분위기를 만끽하기 위해 오늘도 나는 그곳을 찾는다. 공존하는 사계절을 즐기러….

대리석 계단을 24개 올라서면 내 키의 세 배는 됨직한 육중한 나무문이 앞을 턱 막아선다. 그 문은 일본의 에도 황궁 전안문(田安門)처럼 쉽게 열리길 거부하는 느낌이다. 문에 비해 아주 작은 노란 금속 손잡이를 힘껏 당긴다. 마음속으로 '열려라 참깨'를 외면 견고하고 묵직한 문도 어렵지 않게 열린다.

열림과 동시에 둥근 돌을 쌓아 올린 원탑이 강한 흡인력으로 사람을 끌어당긴다. 원탑의 꼭대기에서 아래로 늘어진 여러 갈래의 가느다란 나뭇가지엔 총총히 별이 달린 듯 노란색과 붉은 물감 들인 은행잎들이 손을 내젓는다. 어서 가을 속으로 들어오라고.

왼쪽에는 크기가 각각 다른 사슴 열댓 마리가 점점이 땅에서 출발하여 함박눈 날리는 하늘로 비상해 오르고 있다. 한 발짝 다가서면 화이트크리스마스의 들뜸과 어우러질 수도 있다. 덩달아 내게도 꿈의 날개는 돋는다.

건너편에는 달걀모양의 하얀 공이 덩굴나무의 가지에 조롱조롱 달려 있어 백목련인 듯 화사하다. 그 아래 차탁 가장자리에 꽂힌 아네모네와 어울려 그곳은 또 한창의 봄이다.

테이블을 몇 개 지나면 어른 두엇 들어가고도 남을 커다란 옹기 항아리를 지주 삼아 용틀임치는 마른 가지에 군데군데 꽂힌 장미꽃이 작은 산을 이루고 있다. 촘촘히 들앉은 꽃으로 인해 한여름 날의 정열이 넘친다.

잠깐 사이 가을, 겨울, 봄, 여름을 차례로 음미하고 나는 옆방으로 들어간다.

약간 어두컴컴한 골방으로 들어서면 긴 벽을 따라 내려친 검은 커튼에 도드라진 붉은 장미문양의 자수와 그 장미를 비추는 작은 알전구가 선뜻 눈에 띈다.

아래쪽 길다란 탁자 위에는 희고 가는 실철사 같은 것들이 세워져 있기도 하고 엉켜 있기도 하다. 수많은 가닥들이 흩트려져 있는 것이 무언가 궁금하여 눈여겨보면 쉽게 가는 면발의 마른 국수라는 걸 알 수 있다.

가운데 놓인 탁자 주위는 온통 꽃무덤이다. 한 아름의 꽃이 듬뿍 담긴 아래위의 넓이가 같은 긴 화병, 그 화병의 아래쪽 테두리를 둘러싼 시든 꽃, 막대모양의 탁자 다리를 따라 내려가면 바닥에도 마른 꽃잎이 소복하다. 이곳은 온 실내를 꽃천지로 꾸미기 위해 많은 양의 꽃을 사들이지만 꽃이 시들었다고 그냥 버리는 법이 없다. 시든 꽃은 시든 대로 활용 하다 마지막으로 엘리베이터바닥에서 남은 향을 뿜는다. 그 향기에 끌려 나는 때때로 상자 속 같은 승강기에 들기를 자청한다.

이 집 주인의 상상력은 가히 파격적이다. 어쩌면 그것은 정칙에 대한 도전이며 일탈일 것이다. 기발한 발상은 거기에 머물지 않고 다양하게 변모하여 언제나 신선한 충격을 준다.

늘 나는 내 행동반경의 좁음과 상상력의 빈곤을 느끼곤 한다. 그럴 때면 이 집의 분위기에 파고들어 스스로를 달군다. 향기로운 허브차를 맘껏 마시고 밤새 내 몸에서도 향내가 절로 뿜어나길 바라는 철없는 꿈마저 꾼다.

오늘 내 눈길을 끄는 것은 탁자 위의 고급 숄이다. 아무렇게나 몇 겹씩 겹쳐 놓은 숄은 아까운 생각이 들게도 하기만 그것들이 어우러져 내는 묘한 분위기는 값을 겨냥해보아도 이보다 더 경제적일 수가 없을 듯 싶다.

어디 그뿐인가. 하나의 촛불로 두 개의 불빛을 음미할 수 있도록 유리창 앞에 놓은 효율성이라니. 키 낮은 촛불의 어스름한 분위기, 로얄 코펜하겐 접시에 담긴 달콤한 케이크나 쇼콜레 한 조각이 나의 감성을 완전히 자극한다.

벽에 걸린 달과 별이 무늬진 밤색 등잔이 터키의 운명처럼 깜박인다. 터키의 국기를 닮은 등잔을 보며 또 다른 세계로 나는 지금 이 집 특유의 음악을 따라 여행을 떠나려 한다. 가자, 우리 함께 상상의 나라로.

꽃잎 모으는 남자

꽃잎 모으는 그 남자의 손은 매우 섬세하다.

그는 시를 쓰고 그림을 그리지만 가끔 시를 쓰듯 꽃잎과 나뭇잎을 카드에 붙인다. 그가 만든 카드를 한 장 한 장 펼치는 맛은 각별하다.

해련화가 애련히 피어있고, 정열의 장미가 도발적으로, 금잔화가 함초롬히 돋아있기도 하다. 똬리를 튼 선홍의 담쟁이 넝쿨은 치열한 삶의 모습을, 벌레 먹은 단풍잎 하나에는 열두 색 크레파스 색깔이 모두 들어 있어 아픔을 겪은 것은 더 아름다울 수 있음을 보여 주기도 한다.

세상 만물의 개성이 모두 다르듯 그의 카드는 똑같은 게 하나도 없다. 그래서 그 카드를 받은 사람은 세상에 오로지 하나뿐인 그의 마음을 받게 되는 것이다.

어디를 바삐 가다가도 특이한 꽃이 눈에 띄면 그는 차를 세운다고 한다. 아주 가끔은 주인 몰래 꽃잎 서리를 하기도 하고 어떨 때는 한 송이 꽃을 위해 한 다발의 꽃을 흔쾌히 산다.

꽃잎 모으는 그 남자는 이 시대 마지막 남은 로맨티시스트이다. 원로 시인 구상 선생님의 자탄 섞인 지적이 있듯이 요즈음의 문인들은 낭만과 멋을 잃어버렸다. 이런 시대에 그는 보란 듯이 멋진 삶을 구가한다. 자유를 만끽하며 훌쩍 떠나기도, 너나없이 집착하는 물질에 초연하기도 하다. 자신의 감정에 충실하다 보니 더러는 연분홍 소식의 주인공으로 떠오르기도 한다.

그 남자는 사랑을 하듯 꽃을 다룬다. 그 많은 꽃 중에서 마음에 꼭 드는 한 송이의 꽃을 골라 다칠세라 고이 눌러 말린다. 여러 과정을 거친 꽃은 그의 섬세한 손끝에서 몸짓 하나, 색깔 하나 흐트러짐 없이 다시 태어난다.

나는 가끔 그가 그림을 그리고 말린 꽃잎을 다루는 모습을 상상해 보곤 하지만 내 빈곤한 상상력으로는 어림없는 일이다. 현실적인 나와는 전혀 다른 세계에 사는 그, 자신이 만든 꽃잎처럼 퇴색되지 않는 감정으로 살아가는 소년 같은 그가 부럽다.

고희의 나이에 꽃잎을 모으고 그 꽃잎이 흐트러질까 호흡을 가다듬는 남자, 사랑을 꿈꾸는 남자, 그는 영원한 어린 왕자다.

나의 얼짱

오팔 개띠

지우(知友)가 결혼 14년 만에 얻은 아이의 이름이 준이다.

그렇게도 애를 태우다 세상 빛을 본 지 6년, 벌써 준이가 우리 나이로 일곱 살이 되었다.

며칠 전 언덕에 자리잡은 남산교회에서 치른 김선생님의 따님 결혼식에 참석하고 내려오는 길이었다. 평소 유달리 사람을 좋아하며 따르는 녀석이 제 엄마의 몇몇 지인들을 만나자 반가워서 어쩔 줄을 몰라 했다.

마침 보도블록과 길 사이에 도드라진 조붓한 축이 있었다. 녀석이 냉큼 그곳에 올라섰다. 철길의 레일 위를 팔을 벌리고 뒤뚱거리며 걷던 어린 날의 내 동심이 떠올랐다. 두 팔을 어깨저울 삼아 외줄을 타듯 녀석이 조심스레 걸음을 떼었다. 함빡 웃음을 깨무는 얼굴 표정으로 미루어 준이는 날개를 달고 하늘을 비상하는 듯했다.

그런데 최고조에 달한 준이의 심기를 방해하는 일이 생겼다. 건너편에서도 똑같은 동심의 한 녀석이 오고 있었던 것이다. 둘은 필연적으로 마주쳤고 어느 한 사람이 의기를 접고 길을 비켜줘야 될 상황이었다.

"……."

잠시 침묵이 흘렀다.

"너 몇 살이야."

준이의 일갈이었다.

"나? 여섯 살."

"나는 일곱 살이야."

팽팽하던 신경전이 허물어지는 찰나였다. 상대녀석이 준이의 약간은 빼기는 듯한 일곱 살이란 말에 꼬리를 내린 강아지처럼 아래로 내려섰기 때문이다.

갓 스무 살 무렵에 어느 사무실로 가끔 이모부 심부름 가는 일이 있었다. 몸피가 작아 앳되어 보였던지 그곳에 근무하는 총각이 여동생에게 대하듯 격의 없이 나에게 반말을 했다. 즉시 민감한 반응이 튀어나갔다.

"나, 오팔 개띠에요."

"……."

잠시 생급스레 쳐다보던 그가 사태를 짐작하고 박장대소를 했다. 그날 이후 내 별명은 '오팔 개띠'가 되었다. 내게도 나이 한 살이 벼슬인 양 빼기던 시절이 있었다.

나의 자기

내게 얼짱에 연하인 애인이 생겼다.

몇 년 전이다. 낚시광인 준이아빠가 그날도 바다낚시를 갔다. 저희 아빠가 주말인데 놀아주지 않고 낚시 간 것을 위로할 양으로 내가 운을 떼었다.

"준이는 참 좋겠다. 아빠가 고기 많이 잡아올테니까. "

준이의 기분이 일시에 상승했다. 기분 좋은 김에 선심까지 쓴다.

"이모도 이모네 자기한테 고기 잡아오라고 하세요."

"이모는 자기 없는데. 어떡하지?"

"어, 어…."

평소에 어린아이답지 않게 상대를 배려하는 녀석이 내 아픈 상처를 건드린 것 같은지 한참을 우물쭈물 하다 드디어 해답을 찾았다.

"그럼, 제가 이모 자기 해드릴게요."

아, 나는 그날부터 운명적으로 천사 같은 남자를 나의 자기로 갖게 되었던 것이다.

사 랑

쇼핑을 간 적이 있다. 옷을 고르는 내 모습을 옆에서 지켜보던 준이가 한마디 했다.

"이모 참 섹시해 보여요."

주인여자가 조그만 녀석의 당돌함을 웃음으로 삼키며 물었다.

"얘, 네가 섹시한 게 뭔 줄이나 알아?"

"저도 알아요."

이렇듯 세상에서 유일하게 나를 섹시하다고 말해주는 단 한 사람의 남자 준이가 지난해부터 사랑에 빠졌다.

상대는 소민이라는 유치원 친구란다. 문제는 준이에게 관심을 보이는 다른 여자애는 거들떠보지도 않고 일편단심 소민이에게로 가는 자신도 어쩔 수 없는 마음의 제어장치다. 큐피드의 화살은 그렇게 예측불허일런가.

준이의 심경을 아는지 모르는지 별 반응이 없는 소민이에게 하루는 용기를 내어 고백을 했다나.

"소민아, 나 너 좋아해."

"얘는…."

소민이가 샐쭉해지며 손가락으로 살짝 밀쳤다고 한다.

소민이에게로 향하는 짝사랑으로 인해 내 섹시함이 빛을 발하지 못하여 쓰린 속을 달래야 하는 나지만 어쩌랴.

어제는 오랜만에 만난 녀석의 속을 슬며시 떠봤다.

"준아 아직도 소민이 좋아하니?"

"그런데요, 소민이가 저를 안 좋아하는 것 같아요."

"아냐, 여자는 속으로 좋으면서도 겉으론 안 그런 척해."

순수한 풋뜸 남자인 그가 여자의 안개 같은 복잡한 속내평을 어찌 알겠는가. 준이의 밥그릇에다 지천명(知天命)의 내 나이를 쌓기도 어려운 처지이나 그래도 나는 마냥 행복이다.

돌사람의 표정들

관심은 모든 신경이 그를 향해 쏠리는 것일 게다. 지난 겨우내 그리고 이 봄날까지 그에게로 향하는 마음이 분주하였다. 내가 그를 사랑하기 때문에 그가 특별한 사람이 되듯 벅수를 가슴에 담자 온 천지에 그가 있었다. 무심히 지나던 마을에도, 희원 뜰에도, 제주 목석원에도. 여전히 그 자리에 있었으련만 관심을 가지니 드디어 보이기 시작했던 것이다.

Ⅰ. 나이 먹이기

호암관 앞의 희원 뜰에는 은근히 웃음 짓는 벅수와 부잣집에 결코 주눅 들지 않고 오히려 당당한 동자석이 즐비하다. 인간사의 희로애락이 골고루 모여 있는 벅수와 동자의 뜰에서 차례차례 눈맞추며 저들의 나이를 셈해 본다.

한가운데 서양물 먹은 폼의 두 녀석은 요즘 신세대쯤의 연령층이겠다. 미끈한 품새가 앞서가는 유행이다. 두 눈 세로로 치떠 장난기 줄줄 흐르는 그 옆의 동자는 또 어떤가. 눈 깜빡 할 새 저지레를 하는 우리집 꼬마녀석 또래다. 그 앞에 얼굴 반쯤 검정 먹물밭인 두 녀석은 분명 붓글씨 쓰다 장난기가 치솟아 붓장난을 쳤을 터이니 금방 교실을 뛰쳐나온 학동일 것이다.

사모관대 족두리 쓴 신랑각시. 이들은 채 스무 살도 안된 애송이 신혼부부다. 수줍고 은근한 각시의 새첩은 미소에 달아오르는 것이 어디 신랑의 심장뿐이겠는가. 두 손을 가슴 위로 모아 쥐고 교배례를 하는 신랑의 입매 또한 묘하다. 웃고 싶기도, 자랑하고 싶기도 하지만 쉽사리 내색할 수 없어 참는 기색이 역력하다.

거친 표면 위에 더께로 앉은 애환을 도저히 감출 수 없는 노부부, 고생 좀 한 얼굴로 보아 인생의 쓴맛 단맛 다 맛본 연륜이다. 허허로운 눈빛으로 넘어온 고개를 돌아보며 잠시 숨을 고르는 참이었다.

지아비 뒤에 딱 한 발자국 떨어져 그림자 밟을까봐 조심스런 할멈과 큰기침이라도 할 듯한 당당한 할아범은 남녀유별의 시대를 거쳐 오랜 세월 해로해온 부부이리라. 그 옆에 가슴에 오리 한 마리 품고 있는 저

남정네는 나란히 선 눈 먼 아낙을 버리지 못하고 평생을 품은 듯하여 코끝을 찡하게 한다.

지근거리에 엉성궂은 표정으로 서로 비켜선 두 사람은 또 어떤가. 어젯밤 무슨 다툼이라도 있었나. 토라져 앵돌아앉은 여인에게서 꽃시샘 바람 소리가 난다. 남정네 왼손은 아래 중요한 부분을 가렸고 오른손은 염치없듯 목께에 올라와 있다. 그 손이 뒷머리를 긁적거릴 듯하니 아무래도 마나님에게 지청구 받을 일을 저지른 모양이다.

다들 어깨를 나란히 하거나 비켜 서 있는데 마주보고 있는 딱 한 쌍이 있다. 저 연인은 얼마나 애달파 서로에게서 은근한 눈빛 거두지 못하고 있나. 혹여 '나 같은 미소를 가졌거나 너 같은 묘한 매력' 을 지녀서인가. 그 옆의 등 돌린 쌍으로 해서 더욱 돋보인다.

II. 바다 저 너머에

바닷바람에 살을 깎으며 표정을 만들었는가. 각기 다른 사연을 품고 있는 석상들의 무리를 지난겨울 제주 목석원에서 만났다. 뭍에 있는 것과는 다르게 두 손을 모아 쥔 모습이 퍽 인상적이었다.

혀를 내밀고 있는 개구쟁이 동자석 앞에서 그의 표정을 흉내내어 보았다.

"메롱…."

심술 뚝뚝 돋는 동자가 눈초리 위로 치떠 달려들 기세였지만 그런다고 내가 그만 두나, 메롱. 그렇게 장난치며 돌아서다 내 경솔함에 화들짝 놀라 그 자리에 멈췄다. 자식 버리고 떠났지만 마음마저 쉽사리 팽개칠 수 없어 두 손 가지런히 모아 쥔 망연한 표정의 어미벅수, 그 앞에서 자꾸 정강이가 꺾이려는 걸 간신히 참았다. 내 삶의 자로서 어찌 다른 이의 삶을 헬 수 있으랴.

몇 발자국 떼다 가슴에 큰 대자의 사람 하나 품고 있는 석상과 눈이 마주친다. 누가 눈치 챌까, 수줍고, 붉고, 뜨거운 그의 마음을 옆에 바짝 붙어 서 있던 동백이 대신 꽃망울을 터트렸다, 빠알갛게. 바람에 살이 깎여도 그는 행복할 것이다. 그 사람을 영원히 품고 있으므로….

바다에 남편, 자식 다 잡아 먹히고 나무 그늘 속에 숨은 듯 처연히 홀로 앉은 어멈, 남들 다 짝꿍과 함께인데 무슨 팔자길래 이토록 홀로 세월을 삭여야 하나. 한숨소리 하늘로 솟구쳤다 다시 그녀의 정수리로 떨어진다. 남정네들 풍랑 만나 바다에 혼을 빠트린 게 어디 그녀의 잘못일런가.

그 옆에 한 쌍, 영감은 앞을 못보고 아낙은 말을 못하지만 서로 의지한 채 쪼그리고 앉아 있다. 두꺼운 그늘 속에 모든 것 묻어두고 달관한 표정이다.

누구도 풀 수 없이 견고하게 깍지 낀 손 부른 배 위에 얹은 색시벅수. 배곱티의 원조는 자신이라고 으스대며 참외배꼽을 드러낸 벅수, 108배째 큰절을 하고 두 손을 모아 올리는 벅수, 턱을 괸 동자, 눈을 반쯤 감고 눈썹은 초승달인 돌사람 등등….

귀 위로 어깨를 척 올려붙인 채 주걱을 든 할매는 금방이라도 뛰쳐나와 내 어깨를 토닥여 줄 듯했고, 표주박 두 손에 모아 쥔 형제는 술추렴을 하다말고 발길 돌리는 나를 위해 이별가 한 소절 불러 주는 양하였다.

어둑발 지는 난전에 빈손으로 서 있으면서도 두려움 하나 없는 넉넉한 표정의 벅수들. 그들 무리 속에 내 그림자를 세워두고 아쉬운 발길을 돌렸다.

Ⅲ. 포로가 된 이들

자운영 꽃이 화사한 마을, 양평의 월산리. 잘 가꾼 꽃들로 하여 제가끔의 집들이 모두 봄날처럼 따스했다. 그런데 유독 한곳에만 싸늘한 냉기가 돌았다. 노인정 앞 공터에 진짜 돌노인들이 철사로 묶여 있었기 때문이었다.

본래의 자리에 있지 못하고 포로가 된 돌사람들. 어쩌다 이곳으로 끌려왔을까. 풍우에 닳고 닳아 굴곡 없는 얼굴은 그저 밋밋하였지만 할말은 참 많은 듯하였다. 침묵으로 말하는 그들 앞에 서자 다투어 전하는 사연에 귀가 쟁쟁하였다.

오로지 망자와 영원히 함께하겠다는 비장한 일념으로 비바람 치는 난전에서 보낸 그 세월이 얼마였던가. 그 긴긴 날 보아도 보지 말고, 들어도 듣지 말고, 말하지도 말라는 주인의 뜻 충실히 지켰건만 이렇게 붙들려와 묶여있다니…. 뿐인가. 부러 눈매 치켜떠 무서운 표정을 지어 영혼에 대한 죽은 이의 불안 심리까지 대변해 주지 않았는가. 그런데 이제 어디로 끌려갈지 모를 신세가 되고 말았으니 이 노릇을 어이할꼬.

내 모든 신경이 저들에게로 향하는 한 그들의 모든 신경도 내게 닿아 끓을 터, 겨울부터 봄까지 그리고 어느 곳이든 천지에 그득한 저들의 눈에 내가 있기를 바람은 나의 과한 욕심일까.

제 3 부

활처럼 휜 길을

여 정

마운틴쿡 그리고 테카포

보고 싶은 당신, 지금 나는 남반구의 알프스라 불리는 마운틴쿡이 저만큼 쳐다보이는 길을 달리고 있습니다. 거대한 설산이 오늘은 당신처럼 부끄럼 타느라 반쯤 몸을 가리고 있네요. 그 당당한 모습에 부끄럼이라니요. 그런데 왜 그 모습이 자꾸 내 명치끝을 건드려 울렁임을 만드는지, 그 울렁임으로 코끝이 시큰해지는지 모르겠네요. 간절히 그리움을 키우다 이제 그를 눈앞에 두고 있는데 아직도 갈증이 이는 까닭은 무엇일까요.

안정된 삼각형모양의 거대한 설산 마운틴쿡. 그는 빙하기 때부터 내려온 만년설로 온몸을 감싸고 있습니다. 태양빛에 눈물 흘려 만든 투명한 분신을 차마 그대로 대서양으로 흘려보내지 못해 제 자락에 품어 안고 있습니다.

그 애끓는 사연 중의 하나인 테카포호수에 이제 섰습니다. 그의 가슴을 녹여낸 물로 이룩한 호수, 얼마나 많은 열정을 품었기에 이토록 커다란 호반을 만들 수 있었을까요. 그윽한 옥색과 코발트빛 깊은, 눈을 밝히는 곳에 까치발로 서서 나는 충만과 상실을 동시에 느낍니다.

해발 390미터부터 층층이 형성된 호수의 물이 바다까지 흘러드는 동안 인공수로로 연결되어 있군요. 그 낙차를 이용한 9개의 무인 수력발전소가 작동하고 있다네요. 아직도 풀어낼 사랑이 얼마나 남았길래 전신을 감전시킬 전류를 흘리는 것일까요. 당신이 내게로 흘려보내던 그 전류를요.

이렇게 좋은 날

호숫가 언덕에 몇 사람이 들앉으면 꽉 찰 것 같은 아주 작은 교회가 있습니다. 신이 창조한 자연의 아름다움을 찬양하기 위한 곳이라네요. 언젠가 우리를 강하게 당겼던 아담한 시골교회가 생각나는군요. 어깨를 맞대어야 겨우 앉을 수 있던 옹이자국 선명한 그곳의 나무의자도 떠오르네요. 그리운 당신, 그때보다 제게서 더 멀리 있는 건 아니겠지요.

아쉬운 발걸음으로 버스에 오르니 마치 내 마음인 양 노래가 조용조

용 울려 퍼집니다.

'이렇게 좋은 날 그 님이 오신다면 얼마나 좋을까.'

그렇지요. 오늘같이 좋은 날 당신이 옆에 있다면 얼마나 좋을까요.

끝없이 너른 캔터베리평원에 수많은 하얀 점으로 박혀있는 양떼들이 더없이 목가적으로 보입니다.

사랑하는 당신. 저 하늘을 보세요. 분홍빛 노을이 시선을 당깁니다. 그러고 보니 어제도 분홍빛 노을을 보았습니다. 로토로아 간헐천 노천탕에 윗몸 드러낸 채 엎드려 강인지 바다인지 분간 안되는 잔잔한 물을 바라보았지요. 수증기가 운무처럼 피어오르는 곳에 하얀 바닷새 한 쌍 서로 부리를 비비며 사랑을 나누고 있었어요. 그들의 사랑놀음을 한동안 망연히 바라보았지요. 사랑은 반드시 가슴 미어지는 통증을 동반하는 것인가요. 어디선가 애잔한 연가가 맴돌다 노을 속으로 잠겨들기도 했지요.

포－카레 카레 아나 나-와이오 로토루아 휘티아티 코에 히네 마리노 아나 에(비바람이 불던 바다 잔잔해져 오면 오늘 그대 오시려나 저 바다 건너서…)

바닷새 있던 근처 여기저기에 돌무더기가 있었어요. 누가 그 돌들을 쌓아올렸을까 궁금했지요. 돌 하나하나에 간절한 염원을 담았을 테지요. 노을빛에 물들던 돌무더기와 연가, 바닷새가 내 여정에 따라나서더군요.

달빛마을

보고 있어도 보고 싶은 당신, 역마차는 이제 황량한 벌판을 지납니다. 서부영화의 한 장면이 연상되는 황무지, 가느다란 철사 같은 레드터석이란 이름의 풀이 광활한 사막을 뒤덮어 온통 황금벌판을 만들고 있습니다. 화산폭발에서 제일 먼저 생명력을 보인 레드터석은 사철 금빛인 풀이지요. 사슴이나 소는커녕 양도 먹을 수 없는 풀을 이곳에서는 보호를 한다네요.

구릉과 구릉 사이를 헤집고 길게 뻗은 외길. 해가 진 지 한참이건만 아직도 하늘은 코발트 색깔을 띠고 있네요.

열나흘 달이 휘영청 밝은 마을을 지나고 있습니다. 이곳이 '달빛마을' 이라는군요. 달을 머금어 우윳빛으로 피어나는 마을은 몽환적으로 느껴져 묘한 분위기를 자아냅니다.

호숫가 농가에서 흘러나오는 불빛이 따스해 보이는군요. 농부가 하루의 일과를 막 끝내고 돌아와 식탁에 앉으며 고단했던 하루를 이야기하고 있겠지요. 그를 위해 따스한 식탁을 준비하는 아내와 가족들의 일상이 그려지는군요.

황금의 남십자성

좀전까지만 해도 보이던 양떼들마저 그들만의 둥지로 찾아들었나 보군요. 둥지래야 작은 바위 틈새나 골짜기의 분지에 불과하지만 그들에게는 그곳도 더없이 안온한 안식처겠지요. 냇가의 나무들도 길게 열을 지어 얌전히 잘 준비를 하고 있는데 하얀 너울을 쓴 산들만이 어둠에 묻히지 않으려고 안간힘을 쓰고 있습니다.

아! 이제 남십자성이 보이는군요. 옆으로 비스듬히 누운 십자가 모양의 그 별 바로 위에는 그리스 신화에 나오는 반인반마 켄타우로스가 오른손에 창을 쥔 모습으로 있습니다. 그 사이사이에는 은싸라기를 흩뿌려 놓은 듯한 별무리가, 그 아래에는 아르고호자리가 손을 치켜들면 닿을 듯 바로 내 머리 정수리께까지 내려와 머뭅니다.

아까 달빛마을서부터 줄곧 따라오던 내가 입은 스웨터의 샛노란 색깔을 닮은 달은 또 어떻고요. 느린 행보로 아직도 골짝을 벗어나지 못하고 맴돌고 있습니다. 아마도 별들의 잔치를 방해하고 싶지 않아서겠지요.

한때 노다지를 찾아 많은 사람들이 몰려들었다는 골짜기를 지납니다. 마이다스왕처럼 손만 대면 황금이 잡히던 시절이 이곳에도 있었답니다. 황금을 좇아 숱한 사람들이 구름처럼 몰려 왔다지요. 지금은 자연보호를 위해 채금이 허용되지 않지만 비 온 뒤끝이면 여기저기서 금빛이 눈부시다는군요. 40여년 동안 사람의 손에 할키워 몸살을 앓았을 계곡이 정적에 묻혀있고 움막 몇 채만이 덩그마니 옛 영화를 잠재우고 있습니다.

황금의 시대 그때 영국을 빼박은 도시가 이곳에 세워졌다지요. 영국풍의 도시, 퀸즈타운으로 들어섭니다. 퀸즈타운, 이름 그대로 모든 여성들이 여왕이 되는 곳이라는군요. 잠시 일행들 사이에 작은 술렁임이 있습니다. 저요? 당신 없는 여왕이 무슨 의미가 있을까요.

연인 열차

여명에 눈을 뜨니 아주 낯선 곳입니다. 어젯밤 늦게 도착하여 다 지워진 풍경 속으로 들어와 잠든 기억이 나네요.

숙소를 빠져나가 호숫가에 서 봅니다. 강물이 왼쪽에서 오른쪽으로 좁고 긴 S자 형태로 퀸즈타운을 감싸고 흐릅니다. 바다 같은 호수, 와

키티푸. 실인즉 바닷물처럼 썰물과 밀물의 차가 20센티미터나 된다는 군요. 원래 이름이 '와카 티파 와이 마오리' 라나요. 거인이 누워 있는 사이사이를 흐르는 물이라는 전설에서 유래되었다네요.

나목 몇 그루 물가에 서 있고 바다처럼 너른 호수 너머 늘 푸른 숲, 그 뒤에 눈 덮인 산이 나그네의 심사를 위로하고 있습니다. 맑은 하늘에 떠있는 색색의 구름, 화가의 팔레트 위 물감마냥 펼쳐져 있는 분홍, 보라, 잿빛 등등…. 그 화려한 빛깔에 오래 취해 있었나 봅니다. 새소리에 퍼뜩 정신을 차려 뒤돌아서는데 숨이 턱 멈출 것 같습니다. 뒤를 막아서는 검은 산, 어느 날 갑자기 내 앞에 우뚝 버티고 서던 당신 모습 그대로입니다. 당신, 모르시지요. 당신이 얼마나 커다란 그림자로 내 앞에 다가섰는지를요.

10月

이른 아침을 먹고 또다시 길을 나섭니다.

호수와 황톳빛 능선이 서로 어우러져 골을 만들고 저만치 병풍처럼 설산이 둘러쳐진 외길을 얼마쯤 달렸을까요. 남쪽의 제일 마지막 지점인 킹스톤역이 봉긋이 솟아오르는군요. 한 쌍의 연인들이 열차를 타고 떠나는 모습이 보입니다. 그들은 무슨 생각과, 무엇을 꿈꾸며 나란히 손을 맞잡고 기차에 오를까요.

킹스톤역을 막 지나자 은회색 지붕에 하얀 벽의 아담한 집이 한 채 보입니다. 마당에 널린 햇살 받은 빨래가 유난히 눈부시네요. 푸른 눈의 작은 소녀가 성긴 나무 울타리 앞에 서서 손을 흔들고 있습니다. 소녀도 작은 씨앗을 품어 틔운 꿈을 가슴에 간직하고 있겠지요. 왕자 닮은 소년을 만나는 꿈을요.

거울호수 앞에서

잠시 가던 길을 멈추고 거울호수 앞에 섭니다. 산과 나무와 숲 모두를 품어 안고 있는 호수, 세상의 눈으로 그냥 보는 것보다 수면에 비친 모습이 더 간조롬해 보이는군요. 마치 카메라를 통해 바라보는 피사체가 더 안정되어 보이듯 말이에요.

시기했던 것일까요. 아니면 자신도 자연의 한 풍경임을 강조하고 싶었던 걸까요. 청둥오리 한 마리 바람칼로 잘 그려진 그림을 없애는군요. 그래요, 우리네 사람살이도 어찌 바람 없는 수면처럼 고요한 날만 있을라고요.

우리도 가끔씩은 거울호수 앞에 서듯 자신을 성찰해보는 시간이 필요할 것 같네요. 지난 봄 고도 경주에서 분황석정을 들여다본 일이 있지요. 그날 물 속에서 한 여인을 발견했더랬어요. 거울 대신 우물에 자신을 비춰볼 수밖에 없었을 그 옛날의 민초들처럼 무연히 물 속을 들여다보던 그 시간이 내게도 성찰에 다름 아니었지요.

비 오는 날의 폭포

이곳은 지금 겨울과 여름이 공존하고 있는 듯합니다. 금방 빙하와 눈이 쌓인 호수를 보며 달렸는데 어느새 밀림 속으로 들어서는군요. 안개가 마법사의 램프에서 나오는 연기마냥 길게 띠를 두르고 따라오더니 기어코 비를 만들었습니다.

셀 수 없이 많은 수의 폭포가 하얗게 물구나무를 서고 있는 골짜기 속으로 들어갑니다. 맑은 날이면 볼 수 없지만 비 오는 날이면 수천 개의 폭포가 일시에 생겨나 장관을 이룬다는군요. 3백여 개까지 세다가 깜박 숫자를 놓쳤네요. 수없는 물기둥 앞에 망연해집니다.

당신과 내가 함께 숨쉬던 그곳에도 숨은 듯 깊숙이, 그러나 긴 세월에 마르지 않던 폭포가 있었지요. 새벽을 깨우며 우리의 선조를 닮은 산에 뿌리박은 그를 찾아 오른 적이 있습니다. 지척을 분간할 수 없는 안개에 돌부리를 차며 걷다보니 어디선가 산을 가르는 소리가 들렸더랬습니다. 제 몸을 부수는 아픔을 하얀 물거품으로 승화하여 무지개를 만들던 감동이 그날은 무척이나 가슴을 쳤었지요.

밀포드사운드

그리운 당신, 바다로 나가기 위해 배에 오르자 육체보다 정신이 먼저 달음질칩니다. 이대로 난바다로 나가면 당신께 가닿을까요.

빗줄기는 여전히 숲을 건드리며 안개를 불러일으키고 있습니다. 바위산에 뿌리를 박고 있는 작은 키의 나무들과 풀들이 깎아지른 벼랑의 경사에도, 바람에도, 눈에도 굳건히 삶을 지탱하고 있습니다.

한 줌도 되지 않는 흙에 의지해 굳건히 살아가고 있는 그들의 몸짓에 경건함을 느낍니다. 그러고 보면 세상의 모든 것들이 의미롭지 않은 한 살이가 있을라고요. 악조건일수록 더욱 견고히 뿌리내리는 그들 삶의 형태에 자신의 목숨이라고 스스로 포기하는 인간상이 겹쳐집니다. 어쩌면 자연 속의 모든 것, 풀 한 포기조차 인간에게는 큰 스승이 아닐는지요. 한때 나도 철없어 교만했던 때가 있었지요. 내 뜻대로 되지 않는 세상사를 원망하며 삶을 접으려 했던 적이요.

이제 배는 밀포드사운드의 초입 타스만해협을 돌고 있습니다. 이곳에서 곧장 앞으로 나아가면 남극 우주기지까지도 갈 수 있다는군요.

파도가 점점 높아지네요. 뱃머리를 덮치는 큰 파도에 나는 난간을 부여안고 뱃멀미를 앓습니다. 우리 삶도 이처럼 작은 뒤척임에도 곧잘 궤도를 벗어나 호된 시련을 겪곤 하지요. 그럴 때면 조금 전 지나온 그 바위산의 풀뿌리를 떠올릴 일입니다.

흰 벽과 창문

오늘은 사포호텔에서 여장을 풀 예정입니다. 내가 묵을 성의 뾰족탑이 멀리서도 보이는군요.

검정 나무기둥이 회랑을 따라 쭈욱 늘어서 있고 흰 벽과 고딕풍의 창문들이 운치를 더해 줍니다. 성을 지키고 선 버드나무, 욕심껏 팔을 뻗어 하늘을 움켜쥐려고 하네요.

옛성으로 발을 들여놓는 순간 안주인이라도 된 양 내 어깨가 올라가더군요. 당신이 맞아줄 것 같은 착각에 잠시 긴장을 하기도 했습니다. 어디에 있지요, 당신은?

나를 맞이하는 또 다른 문이 하나 더 있습니다. 돌기둥이 세 개 보이고 가운데 길게 이어진 복도, 그 양쪽으로 붉은 양귀비꽃이 정열을 뿜듯, 사랑을 태우듯 불꽃을 피웠군요. 돌기둥을 타고 오르는 주홍색 꽃의 이름은 알 수가 없네요. 능소화라 해두면 어떨까요.

침대에 걸터앉자 정면 벽에 걸린 에밀 놀데의 그림이 시선을 당깁니다. 노랑과 새빨간 꽃들 가운데서 한 무더기의 청람색 붓꽃. 원색으로 그득 채워진 꽃밭에 뒷모습을 보이고 앉아 있는 남자와 돌아서며 손을 잡아끄는 흐릿한 여자의 얼굴이 신비로움을 자아냅니다. 그 연인들의 속삭임이 들릴 듯 몽환적이고 강렬한 색채가 가슴 한켠을 달구네요. 우리에게 추억이 있다는 것이 얼마나 위로가 되는지…. 당신도 알고 계시죠?

길을 찾아서

먼동이 터오는 새벽녘, 새로운 길을 위해 성을 나섭니다. 밤새 길을 재촉하고도 아직 지붕께에 걸린 열이레 달이 무염한 웃음을 흘리네요.

우리의 삶 자체가 길고도 짧은 길찾기가 아닐는지요. 더러는 잘 못 든 길을 깨닫고 돌아서기도 하지만 종내는 한곳을 향해 가는 동행의 나그넷길이겠지요.

그리운 당신, 나의 여정이 당신과의 간극을 좁히는 길이라 나는 믿어요. 때문에 이 길이 외롭지 않음을 고백합니다. 안녕, 내 사랑.

벗어도 좋으리

여인은 벌거벗고 있었다. 그것도 부처님이 빤히 바라보는 곳에서 옷을 벗은 채 숫저운 표정을 짓고 있었다.

목아박물관 마당의 벌거벗은 여인이 집으로 돌아오는 나를 줄곧 따라붙었다. 그는 왜 하필 부처님 앞에서 옷을 벗고 있는 것일까.

바로 그때, 햇살이 눈부시던 어느 여름의 적멸보궁을 지키는 큰스님 앞에서 벗은 채 포즈를 취하고 있던 염치없는 목백일홍의 인상적인 광경이 떠올랐다. 어쩌라고? 어쩌라고 저토록 부끄러운 몸짓으로 맨몸을 드러내놓고 수도승 앞에 서 있단 말인가. 그 해 여름날은 내가 몹시 애가 타 신열이 올랐었다.

석가모니불 앞에 벗고 있던 여인과 큰스님 앞에서 맨살을 드러내 놓고 있던 목백일홍, 득도한 부처님이나 수행자에게 저들의 의미는 무엇일까.

창원 북면에 있는 백월산(白月山)에는 노힐부득과 달달박박의 성불한 전설이 있다.

옛날 옛적 백월산 아랫마을에 두 청년이 살았다. 그들은 뜻이 있어 속세를 버리고 산중으로 들어간다.

수도 정진한 지 3년쯤 된 날, 절세 미모의 한 낭자가 박박을 찾아와 하룻밤 묵어가길 청했다. 수도하는 곳에 부정 타게끔 어찌 여인을 들일 것인가. 박박은 그녀의 청을 단호히 거절하고 문을 걸었다.

문전박대 당한 그녀는 부득을 찾아간다. 부득은 그녀를 맞아들여 쉴 자리를 마련해 준다. 청정을 제일로 하는 수도장이지만 중생을 구제하는 일 또한 보살행의 하나임을 그는 잊지 않았던 것이다. 여인은 밤이 깊어지자 몸이 불편하다며 도움을 청하고 목욕을 할 수 있게 해달라고 한다. 뿐인가, 그 물에 부득도 목욕을 하라니?

여인의 요청에 옷을 벗은 노힐부득이 물에 몸을 담그자 당장 온몸이 황금색으로 변하며 눈앞에 연화대가 나타난다. 성불을 한 것이다.

구도자 앞에 종종 모습을 드러내는 여인은 유혹의 화신인가, 득도에 이르게 하는 관음보살의 현신일런가.

황진이의 유혹에 넘어간 지족선사를 우리는 쉽게 파계한 스님으로 웃음거리 삼아 이야기한다. 더불어 미인의 유혹에 꿈쩍하지 않았다는 서경덕은 되레 칭송한다. 여인의 미모에 동하지 않는 남자를 어찌 사내라 할까. 더더구나 여인의 곡진함을 무참히 외면한 일은 그야말로 얼마나 비인간적인가. 나는 신이 만든 예술품 중에 가장 아름답다는 여인을 외면한 서화담보다 지족선사의 인간미에 더한 점수를 주고 싶다.

인간적인 정말로 인간적인 또 한 사람 원효. 문천교(蚊川校) 아래 떨어져 그 밤 젖은 몸으로 요석궁에 들 명분을 마련하는 원효의 인간미. 그래서 나는 선묘낭자의 사모하는 마음을 애써 모른 체한 의상보다는 요석공주의 사랑을 받아들인 원효를 흠모한다. 누가 요석궁으로 든 원효를 폄하할 수 있는가. 도리어 무엇에도 얽매이지 않았던 인간 원효를 흠모해야 마땅하리라.

도를 이룬 자의 마음씀으로 보살행을 행한 그의 치적을 일일이 나열할 필요는 없으리라. 승복을 벗고 스스로 소성거사(小姓居師)라 하며 백성들 속으로 들어간 원효. 그는 요석궁에서 나와 아무 거리낌 없이 살며 무애(無碍)의 경지에 들었던 것이다.

티베트의 밀교(탄트라 불교)에서는 고대로부터 남신과 여신이 교접하는 모습을 형상화한 불상을 숭배했다고 한다. 그들은 남자의 지혜와 여자의 자비가 합쳐져 완벽한 우주가 된다고 여겨 해탈이나 구도의 과정을 남녀의 교접에서 찾았다.

옴마니반메훔을 외고 남근상을 숭상하며 쾌락과 금욕을 같은 선 위에 놓은 그들과 다른, 우리의 방식으로 나타나는 여인의 모습은 참으로 내게 애틋한 정감마저 불러일으킨다.

어느 한쪽으로 치우침 없이 물 흐르듯 상황을 끌어안는 그런 자세로 속세에서 속되지 않게 사는 사람이 있다면 그 앞에서는 누구든 옷을 벗어도 좋으리.

장승들의 길목

몇 해 전 안동 하회마을 입구에서 장승의 무리를 만난 적이 있다. 하회탈의 형상을 연상시키는 굵게 패인 주름살에 은근한 웃음은 눈을 아무리 부라린들 무서울 리 없고 도리어 친근감을 주었다. 각시장승 하나는 전라(全裸)로 부끄럼 하나 없이 난전에서 삿된 포즈를 취하고 있었다. 예전 같으면 감히 양반마을에 웬 음탕한 짓거리냐고 불호령을 맞을 형용이나 그조차도 애교로 봐줄 만하였다.

그곳에서 나는 변강쇠를 벌하기 위해 방방곡곡에서 모여든 장승들이 갑론을박 하던 「가루지기전」의 한 장면을 떠올리며 고소를 금치 못했었다.

허구한 날 투전판이나 기웃대고 색이나 밝히던 강쇠가 옹녀의 설득에 지게를 지고 나무를 하러가면서 사건은 시작된다. 동네 초동들도 다

하는 일이지만 난생처음 나선 길인 강쇠에게 나무꾼 노릇이 어디 쉽다 할 수 있는가. 지게 괴어놓고 실컷 낮잠을 즐기다 보니 저물녘이다. 해는 기울었고 지게는 비었으니…. 기왕에 나선 길 그냥 갈 수는 없는 일. 에라 모르겠다, 길가에 버티고 선 장승을 뽑아가지고 돌아온다.

낭군의 나뭇짐이 궁금하여 들여다보던 옹녀는 기함을 할밖에.

장작나무 구경차로 불 켜들고 나와 보니 어떠한 큰 사람이 뜰 가운데 누웠으되 조관을 지냈는지 사모, 품대 갖추고 방울눈 주먹코에 채수염이 점잖으다. 여인이 깜짝 놀라 뒤로 주저앉으며 "애겨 이것이 웬일인가. 나무하러 간다더니 장승 빼어 왔네그려, 나무가 암만 귀타하되 장승 패어 땐단 말은 언문책 잔주에도 듣도 보도 못한 말. 만일 패어 땠으면 목신동증(木神動症) 조왕동증(?王動症), 목숨보전 못 할 테니, 어서 급히 지고가서 선 자리에 도로 세우고, 왼발 굴러 진언치고 다른 길로 돌아옵쇼."

"가사는 임장(任長)이라 가장이 하는 일을 보기만 할 것이지. 계집이 요망하여….

후환을 두려워하는 옹녀의 만류에도 불구하고 팔뚝을 걷어붙인 강쇠, 도끼로 패어 구들장을 데우고 운우지락(雲雨之樂)을 즐겼으니 동티가 나지 않을 수 있으랴.

다음날 밤 조선 팔도의 장승들이 강쇠를 벌하려고 새남터에 모였것다. 하나도 낙루없이 기약대로 다 모이니 새남터에 배게 서서 시흥 읍내까지 빽빽하다.

대방이 운을 뗀다.

"변강쇠 지은 죄를 어떻게 다스릴꼬."

"흉녕한 그런 놈을 부지불각 불 지르면 제 죄를 제 모르고 도깨비 장난인가 명화적 난릴런가 의심을 할 터이니…."

결국 팔도장승들이 제각기 달려들어 병 하나씩을 강쇠의 몸 팔만사천 털구멍에 빠짐없이 바르기로 합의했으니 그가 아무리 기운이 충천하는 남정네라 한들 무슨 재간으로 성할 수가 있는가. 그날로 동티가 나서 급살을 하였다.

이야기가 엉뚱한 데로 흘렀지만 어쨌든 장승을 해코지했다가는 재미없는 노릇이겠다.

하여튼 그 정경이 내내 잊혀지지 않고 가끔 틈날 때면 내 의식 속에

서 솟구쳤지만 3년이 지나도록 글 한 줄 쓰지 못하고 무심히 지내왔다. 그런데 오늘 첩첩 산들을 배경으로 서 있는 그들의 무리를 이곳 문경새재 길목에서 또다시 만난 것이다.

여느 장승들의 형용이 그러하듯 이곳에 있는 장승의 형상 또한 각양각색으로 해학적이다. 혀를 빼물고 있는 것에서부터 봉두난발을 하고 허연 이를 드러내고 있는 모습 등….

득남을 기원하는 한 쌍의 장승은 에로틱한 모습이지만 속되기보다 웃음을 머금게 한다. 혀 대신 성기를 꺼내놓고 있는 남성과 젖무덤을 삐죽이 내놓은 여성의 몸짓을 보고 누군들 웃지 않으리.

마을 입구에 서서 벽사의 기능과 길의 이정표 노릇을 하던 장승이 현대의 표지판에 밀려 시나브로 사라지나 했더니 지방자치제가 되면서 다시 떠오르고 있다.

고장의 특색을 소개하며 이렇게 한마당에 모인 것이다. 가슴에 새긴 글발도 변해 '민족통일남장승' 과 '민족평화여장승' 도 보인다. 뿐만 아니라 '백두대장군, 한라여장군, 북방흑재장군(北方黑帝將軍)' 등등 염원도 가지가지다.

길게 늘인 두 가닥의 새끼줄 군데군데 꿰어 놓은 흰 창호지에 담긴 소망들이 바람에 나부낀다. 장승들의 신력에 힘입어 인간들의 기원이 하늘에 닿을 것이다.

큰 물 진 뒤 둥치만 남은 나무 주워다 나도 '수필대장군' 하나 그들의 무리 속에 끼워두면 어떨까 싶다.

내 사랑의 그들

오늘은 운수 좋은 날이다. 내 나무라 이름붙인 느티나무를 만나고 거기에 더해 나의 나비 별박이자나방을, 그리고 또 백량금 화초까지 해후했으니….

엄동 추위 아랑곳없이 은빛 살결을 바람에 내맡기고 있는 강을 따라가다 커피숍 '미스터 페오'에 들렀다. 이곳은 내가 춘천에서 가장 좋아하는 곳이다. 강물이 바라다 보이는 이곳의 분위기도 일품이지만 실은 내가 태어나던 해에 심었다는 느티나무를 만나기 위해 나는 이 찻집을 고집한다.

눈 쌓인 강변에 서 있는 벗은 나무 한 그루. 옷을 빼앗긴 부끄러운 자태로 눈 속에 발 담그고 있지만 전혀 가년스럽지 않은, 오히려 당당해 보이는 느티나무가 강에 담긴 자신의 모습을 내려다보고 있다.

느티나무는 예전 동네 어귀에 마을의 수호신이었듯 풍채가 좋다. 계절 따라 색깔을 달리하면서도 언제나 늠름한 그 품새 때문에 나는 느티나무를 사랑한다. 힘들 때 등을 기대면 따사한 온기로 든든한 버팀목이 되어 줄 것 같아 믿음직스러워서다.

내가 그 규목(槻木)을 만난 것은 봄날이었다. 호반의 이내가 그리워 춘천에 찾아간 날, 호수지기 박선생이 앞장서 간 곳이 '미스타 페오' 였다. 그날은 벚꽃이 구름동산을 이루고 있던 날이기도 했다. 모퉁이를 돌다 언뜻 보니 초가지붕 위에 벚꽃이 덤불을 이루고 있어 흡사 저녁연기가 피어오르는 것 같았다.

꽃향기에 흠씬 젖어 어스름 저녁 강을 바라보는 것만으로도 환상적이었는데 그보다 나를 더 달뜨게 한 것은 내가 태어나던 해에 심어졌다는 느티나무였다. 나는 그렇게 그에게 첫눈에 반했던 것이다.

오늘 아침 우리 일행이 춘천 화목원에 도착했을 때는 온 세상이 어젯밤 내린 몇 십년 만의 길눈으로 흰 너울을 쓰고 있었다. 수북이 쌓인 숫눈을 보자 나는 셈으로 헤는 나이를 까마득히 잊어버리고 동심으로 돌아가 눈밭에 벌렁 드러누워 버렸다. 처녀지에 찍힌 몸도장 위로 하늘이 성큼 내려앉았다.

나비전시회가 열리고 있는 화목원 전시관에 들어서는 내 귀에 이명처럼 날갯짓 소리가 들렸다면 환청일까. 그 소리는 하얀 날개에 점점이 별빛 닮은 까만 무늬를 가진 나의 분신, 별박이자나방의 부름이 분명하였다.

과연 전시관 한쪽에 그가 함초롬히 날개를 펴고 있었다. 만날 약속은 없었지만 운명 같은 해후, 큰 파장이 온몸에 물결쳤다.

한참 눈을 맞추다 아쉬운 발길로 들어선 식물원에서 또다시 주홍빛 알알이 꿈을 달고 있는 백량금을 만났다. 한때 내게 용기를 북돋워주어 내 등단 작품의 주인공이 된 '백량금'이었으니 그 또한 어찌 반가운 만남이 아니었으랴. 그러니 오늘은 억세게 운수 좋은 날 아닌가.

인연에 연연하는 것 자체가 자연에 역행하는 것일는지 모르지만 나 또한 언젠가는 땅보탬할 몸이니 감히 누가 탓하랴.

호적에도 없는 삼양동 그곳

오랜만에 짬을 내어 찾아갔으나 거기에 없었다. 동네를 통째 바꿔치기라도 한 것일까. 어제 본 영화의 한 장면처럼 비현실감으로 잠시 정신이 멍하였다. 고개를 아무리 젖히고 올려다봐도 보이는 것은 아파트 숲과 좁은 하늘뿐, 산꼭대기에 벌집마냥 배게 있던 집들은 다 어디로 갔을까. 그렇다면 나는 지금 도대체 어디에 서 있는가.

매일 아침이면 오르내리던 그 골목을 찾아 한참을 헤매었건만 도무지 내가 서 있는 곳이 어디쯤인지 어림짐작조차 할 수 없었다. 나는 묘한 배신감에 사로잡혔다. 따지고 보면 내가 변심한 여인처럼 떠났었다. 그러면서도 언제고 돌아오면 그 자리에 있기를 나는 바랐던 것일까. 내 속에 자리한 이중성이 민망스러웠다.

이곳저곳 기웃거리다 마침 지나가는 그 시절의 우리를 연상시키는 모녀를 붙들고 길을 물었다.

"여기 어디쯤에 학교가 있었는데 못 봤나요?"

그녀가 고개를 갸우뚱했다.

81년 봄 딸아이를 업고, 촘촘하며 불결하기조차 하던 좁은 골목길, 그 미로같은 층계를 오르던 때가 꿈결인 듯 떠올랐다. 내 서울살이는 그렇게 산비탈의 빈민촌, 달동네에서 시작되었다.

하늘 아래 1번지, 삼양동은 원래 '삼각산의 양지바른 남쪽 동네' 라는 뜻으로 이름 붙여졌지만 법정동명이 아니다. 그래도 이곳 주민들은 미아동보다 '삼양동' 이란 명칭을 더 즐겨 쓴다.

60년대를 전후해서 서울의 철거민, 화재민, 수재민들이 쫓기듯 내몰려 서럽게도 무허가촌을 이룬 곳, 산꼭대기를 분기점으로 건너편은 길음동이고 이쪽은 삼양동이었다. 그중에서도 맨 위에 아주 어설프게 지어진 블록집에 나는 세를 들었다. 미상불 그 집도 등성이에 학교가 들어서면서 철거되자 바로 아래에 내외가 죽기 살기로 벽돌을 한 장씩 날라다 지었다고 한다. 만약에 이곳이 다시 철거되더라도 또 집을 지을 것이라고 스스로에게 다짐을 하듯 말하던 주인여자가 내겐 마치 여전사처럼 보였다.

남편을 사우디로 떠나보내고 고만고만한 아이들을 데리고 당차게 살던 그녀와 이 동네 여인들이라면 모두 나서던 부업 뜨개질로 억척스런 삶을 엮어가던 그녀들은 지금 어디에 가 있을까. 어느 곳에서 꿋꿋하게 삶을 꾸리고 있는지 정말이지 보고 싶다.

이런 저런 인생들이 모인 따라지 동네니 조용하기란 기대 밖의 일이었다. 골목은 고요할 날이 없었다. 어깨 축 늘어트리고 살던 가장도 재수 좋아 한잔 술을 걸치는 날이면 세상이 돈짝만 하게 보이는 것이 당연한 일, 조가비 같은 집일망정 늦은 밤 가족이 기다리는 곳으로 들다 보면 그 호기란 하늘을 찌른다. 그러다 내가 누군데 세상이 날 몰라보느냐며 일시에 분통이 솟구치기도 하는 모양이었다. 그럴 때면 명목뿐인 남의 대문을 발로 차대는 일은 부지기수였다. 그래도 동병상련의 가슴들이니 뉘집의 누가 또 한잔 했구나 여기고 만다.

처음에는 동네의 낯선 분위기에 놀라 가슴이 뜀박질을 하였지만 이내 나도 이게 사람사는 일이려니 했다. 그들 나름의 삶의 방식이었던 것이다. 돌아보니 나도 그 시절이 제일 치열하게 살았던 때라 여겨진다. 젊음을 내세워 겁 없이 세상을 향해 돌진했으니까 말이다.

낮이면 차곡차곡 층을 이루며 쟁여져 있던 가지각색의 빛깔 바랜 지붕들, 그 위로 붉은 고무양동이가 잘도 엎디어 있었다. 슬레이트나 천막지붕을 면한 색바랜 붉은 기와지붕이 간혹 있긴 했어도 그마저도 여기 저기 돌출된 기왓장이 마치 장기를 두고 있는 품새였다. 비라도 내릴라치면 대책없이 새는 물줄기를 막으려고 씌워진 얼룩덜룩한 비닐들은 또 어떠하던가. 마치 무속인집을 상징하는 깃발처럼 휘날렸다.

감춰져 있어야 할 것까지 너무 속속들이 드러난 골목의 무질서가 저녁 어스름으로 잠겨들기 시작하면 전혀 다른 정취를 자아냈다. 나는 대문도 없는 낮은 담장 곁으로 다가서서 더러는 아련한 분위기에 빠져들곤 하였다. 어둠은 그 모든 추함을 덮어주었던 것이다.

오르내릴 때는 산행에 버금가게 날숨을 뿜게 하였지만 그때만은 맨 꼭대기집의 특수를 나는 누렸다. 밤의 세상은 휘황찬란하게 반짝였다. 검게 띠를 두른 도시 너머의 산과 그 안에 폭 안기듯 들앉은 도시의 불빛이 낮과는 참으로 다른 느낌으로 다가와 지친 내 심신을 얼마쯤 위로하였다.

오래지 않아 이 동네를 떠나며 이곳의 사람들과 풍광이 내게서 멀어졌지만 긴 시간 동안 기억의 한자리에 남아 삶이 힘들 때면 용기를 주었다. 그 이야기는 10여년 전에 쓴 「달동네별곡」으로 아직도 살아있다.

돌아오다 눈에 익은 골목 하나와 맞닥뜨렸다. 새 아파트 사이에 비현실적으로 살아남아 이방인처럼 옹송거리고 있는 낡은 집과 좁은 골목이 내 콧등을 시큰하게 한다.

시간은 내게 많은 변화를 주었다. 내가 이렇게 많이 변했는데 산천이며 동네가 변하지 않을 수 없었으리라. 아마도 저 아파트에 살고 있는 이들 중 누군가도 20여년 이상의 시간 앞에 선 오늘의 나처럼 '그때 내가 어디쯤에 있었나' 하고 뒤돌아보고 있는지 모른다. 모든 것은 하루가 다르게 변화에 변화를 거듭하는 법이니까.

시간 속의 시계

시간은 그대로인데 인간이 변하면서 시간을 흐른다고 한다던가. 어쨌든 시간은 영원하지만 시계는 오로지 사람들이 편의에 의해 가른 시각(時刻)을 표시할 뿐이다.

몇 해 전 중국 이화원의 융휴황후가 거처하던 의예관에서였다. 움직임을 멈춘 시계가 무언가를 전하려는 듯 강하게 나를 당겼다. 시계는 움직여야 제 할일을 하는 것이련만 기능을 잃은 시계가 기울어간 청조의 운명인 양 여겨져 한참을 그 앞에 서 있었다.

무술정변 이후 서태후에 의해 옥란당(玉瀾堂)에 감금당했던 광서제와 통로 하나를 사이에 두고 의예관(宜藝館)에 있던 융유황후. 그들 부부는 그렇게 가까이 있으면서도 서로 죽을 때까지 만나지 못했다.

서태후가 누군가. 청말 중국을 장악했던 그는 자신의 아들 동치제가

왕위에 오르자 섭정을 시작하여 천하를 호령한 여걸이다. 아들의 죽음조차도 그의 권력욕을 잠재울 수 없었다. 조카 광서제까지 허수아비로 만들며 막강한 힘을 휘두른 서태후. 그러나 그도 흐르는 시간만은 어쩌지 못해 광서제가 죽은 다음다음날 숨을 멈추었다니…. 그야말로 인생무상이다.

서태후나 진시황이 들었으면 무덤에서 벌떡 일어날 일을 아인슈타인이 제시했다. 늙지 않는 방법이 있다는 게다.

아인슈타인은 상대성이론에서 우리가 절대적인 거라고 생각하는 시간이나 공간조차 빨리 움직이는 사람, 움직이지 않는 사람 등, 관찰자에 따라 달라질 수 있다는 걸 알아냈다. 시간도 함수가 된다는 것이다. 속도가 빨라지면 빨라질수록 시간은 점점 느려지고, 즉 빛의 속도와 가까워지면 시간은 거의 멈추게 되어 인간도 늙지 않을 수 있단다.

그런데 한 가지 문제가 있다. 늙지 않고 불로장생하려면 빛의 속도에 근접해야 되는데 그러기 위해서는 무한대의 힘이 필요하기 때문이다. 결국 어떤 물체도 빛의 속도보다 빠를 수 없고 관찰자가 보기에 빠른 속도로 움직인 사람의 시간이 느리게 간 것처럼 보여도 몸의 생리는 마찬가지이므로 실제로 수명이 늘어나는 일은 없다. 인간이 어찌 시간의 무한성에 도전하랴.

한 그루 나무조차도 자연의 질서에 순응하는데 인간이라고 어찌 끝없는 욕심만 부릴 것인가. 오래 살고자 하는 소원을 이루었지만 깜빡 잊고 '늙지 않고'란 주문을 빠트려 노쇠한 몸으로 고통스레 긴긴 시간을 보내야만 했던 신화 속 쿠마이의 무녀 시빌레를 떠올리면 끔찍하다. '죽고 싶다'는 말을 끊임없이 되뇌어도 죽을 수조차 없던 시빌레. 그것은 어쩌면 신화를 빌어 인간의 허망한 욕심을 경계한 일인지도 모르겠다.

반면에 오랜 세월 멈추지 않고 충실히 제 기능을 다하는 시계가 있다. 존 해리슨이 만든 브로클스비공원의 탑시계는 270년의 세월이 흐른 지금까지도 쉬지 않고 움직이고 있다.

1707년 영국의 실리제도에서 전함 4척이 좌초하는 바람에 2천명 가까운 생명들이 수장되었다. 동방의 길을 찾던 그들에게는 바닷길이 필요했지만 바다에는 길이 없었다. 오로지 하늘을 보고 길을 찾을 따름이었다. 그마저도 날씨가 궂은 날이면 소용이 없었다. 기상의 변화나 중력에 따라 빨라지거나 느려지고 심지어는 아예 멈춰버리는 시계로는 아무것도 할 수 없었다. 정확한 시계만이 바다에서 경도를 알아낼 수 있었던 것이다. 그런 판국에 해리슨의 해상시계는 신천지를 향한 길잡이였다.

억세게도 운이 나빴던 사내, 존 해리슨. 그의 인내심은 처절하고도 끈질기다. 그때까지 자신의 방법이 옳다고 여기던 기존세력의 방해를 받아 평생을 바쳐 심혈을 기울인 그의 시계는 오랫동안 그늘에 처박혀 있어야 했던 것이다. 그러나 엄연한 진실이 감추려든다고 감춰지는가. 그러고 보면 몇백 년 동안 멈추지 않는 브로클스비공원의 탑시계로 하여 그는 영원 속에 숨을 쉬는 억세게 운 좋은 사내인 것 같다.

동해 바닷가 정동진에 대형 모래시계가 섰다. 1년에 한 번 뒤집는 이 시계의 허리가 둥근 것은 시간의 무한성, 아래의 평행선 기차레일은 영원한 시간의 흐름을, 흘러내리는 모래와 쌓이는 모래는 미래와 과거의 영속성을 나타낸다고 한다. 현재를 사는 우리 역시 조상들과 후손들을 연결하는 고리에 불과하다. 영원한 시간 속을 잠시 유영할 뿐이다.

코끼리를 그리는 남자

전철 안에서였다. 허름한 옷차림에 약간 정신이 온전치 못해 보이는 남자가 한참 무표정하게 서 있다가 좌석에 앉은 아이에게 말을 걸었다.

“내가 코끼리 그려줄까?”

의외의 말을 들은 아이도 아이아빠도 대꾸를 못하고 남자를 멀거니 쳐다봤다.

남자는 애당초 대꾸 따위는 기다리지도 않았다는 듯이 이미 들고 있던 신문지에다 검정 사인펜으로 그림을 그리기 시작했다. 구부정하게 서서 그림을 그리는 그의 옆모습이 꽤 진지해 보였다.

한참을 정성들여 코끼리를 그린 그는 그림을 아이에게 내밀었다.

“봐라, 코끼리다. 멋있지?”

남자의 차림새를 살피며 눈치를 보던 아이가 그의 얼굴을 빤히 쳐다

보자 선심을 쓰듯 그림을 아이에게 떨구고는 옆칸으로 전혀 바쁠 것 없는 걸음걸이로 옮겨갔다.

나는 저만큼 멀어지는 그의 뒷모습을 바라보았다. 아마도 그는 옆칸에서도 똑같은 행동을 하고 있을 것이다. 그의 품새로 보아 비록 지금은 희망을 놓아 버린 노쇠한 사람에 불과하지만 한때 젊고 건강하던 날이 있었을 것 같아 예사롭지 않아 보였다.

코끼리와 남자.

그는 왜 하필 다른 동물을 다 제쳐두고 코끼리를 그리고 다닐까?

예로부터 육상에서 사는 가장 큰 포유동물인 코끼리는 대뇌의 발달이 좋아 훈련을 시키면 그 강한 힘을 이용할 수 있어 전쟁이나 사원을 짓는데 크게 기여했다. 또한 무리를 이루어 사는 코끼리는 철저한 모계사회로 그들 중 가장 나이든 암코끼리가 현명하다고 여겨 그가 이끄는 대로 생활한다고 한다. 암수 모두 길게 자라는 송곳니는 흔히 상아라고 하여 보석과 비견할 정도로 인기가 높아 인간들에게 수난을 당하는 요인이 되었다. 죽을 때가 되면 본능적으로 선조들의 무덤을 찾아가기에 상아를 얻으려는 사람들의 발길을 바쁘게도 하였다.

그렇다면 저 남자는 코끼리에게서 무슨 의미를 찾는 것일까? 도저히 맨 정신으로는 감당하기 힘들었던 고달픈 삶의 탈출구로 모계사회로의 회귀를 꿈꾸는 것일까? 아니면 노다지에 눈멀어 상아를 찾아 먼 길 떠나던 영화 속 주인공처럼 코끼리무덤이란 이름의 또다른 이상향을 찾아 헤매는 것일까.

'상상(想像)'이란 단어는 코끼리의 심상(心象)을 그리는 것이라고 한다. 기왕이면 그에게 코끼리는 희망의 상징이었으면 좋겠다. 코끼리 그리기가 놓쳐버린 푸른 꿈을 찾는 길이 된다면 더 좋겠다. 그래서 그가 코끼리를 통해 다시금 건강한 정신으로 세상살이에 합류하기를 상상해 본다.

고도에 지는 꽃

지난달 벚꽃이 한창일 때 여러 사람과 함께 경주에 갔었다. 경주는 온통 낮게 내려앉은 구름같은 벚꽃에 뒤덮여 환상적인 분위기였다.

벚꽃은 일본의 꽃인 양 여겨져 꺼리는 분도 있지만 그래도 많은 사람들에게 봄꽃으로 환영받는 것 같다. 진해를 시작으로 전국 곳곳에 벚꽃길이 조성되어 지친 심신을 위로해 주고 낭만을 더해준다. 이곳 저곳의 벚꽃놀이에 끼지 못한 사람들은 여의도 윤중로 꽃길에 몰려 북새를 떨기도 한다.

꽃은 다 같은 꽃이지만 신라 천년의 역사가 숨쉬는 곳, 그 고도를 온통 은회색으로 물들이고 있는 벚꽃이 예사롭지 않게 나를 맞았다.

우리가 도착한 다음날 비가 내리자 전날까지만 해도 자태를 뽐내던 꽃잎이 눈처럼 하얗게 땅으로 쏟아졌다. 흩날리는 꽃잎이 환상처럼 아름다워 연만하신 어른들조차 나이를 잊은 천진한 모습으로 꽃비를 맞으며 즐거워했지만 나는 짧은 만개를 끝내고 낙화하여 흙으로 돌아가는 무상함에 가슴 한끝이 아렸다. 바로 그날 아침 텔레비전 뉴스에서 사실상 미국의 승전을 알리고 초토화된 이라크의 전역을 연신 비춘 탓이기도 했을 것이다. 전쟁으로 꽃처럼 짧은 인생을 끝낸 수많은 목숨들과 벚꽃들의 낙무(落舞)가 하나되어 보였기 때문이다.

경주의 곳곳에 널려있는 동산만한 무덤의 주인공들은 천하를 호령하다 죽어서도 큰 무덤을 남겨 천년을 하루같이 사람들의 발길을 당기고 있다. 그렇지만 찬란한 문화를 이룩하기까지는 그 무덤 속에 누운 몇몇 사람보다는 꽃잎처럼 져서 이름 없이 흩어진 많은 영령들이 있으므로 가능했을 것이라 여겨져 더 허허로웠던 것 같다.

박물관에 전시된 유물을 둘러보면서도, 누구의 손으로 빚어졌을지 모르는 수막새의 미소를 보면서도 내 머리 속은 내내 그들 생각으로 그득했다. 한 사람의 명장군이 탄생하는 것도 수많은 보병이 죽음을 불사하고 그를 위해 충성하므로 이루어졌듯이 신라 천년의 문화를 꽃피운 기저에는 봉분으로 남은 제왕들보다 그렇지 못한 수없이 많은 이들의 피와 땀이 초석이 되어 이뤄졌다는 것은 새삼 말할 필요가 없을지도 모르겠다.

'호랑이는 죽어 가죽을 남기고 사람은 죽어 이름을 남긴다' 고 했지만 이름을 남기지 못하고 죽어간 혼령들. 고도에 활짝 피었다 지는 꽃잎이 그들을 위로하는 춤인 양 여겨져 나는 그 모습을 애연히 바라보고 서 있었다.

역사 속에는 많은 사람들이 나름대로의 삶을 살다갔고 현재를 살고 있는 우리도 또다른 역사를 만들며 결국 흙으로 돌아갈 것이다. 그래서 나는 그 봄날의 낙화를 오래도록 잊지 못할 것이다.

바람꽃 닮은 여인에게

작지만 큰 날갯짓을 시작하는 바람꽃 닮은 여인에게 박수를 보내지 않으시렵니까.

눈 쌓인 나무 아래 피어난 한 송이 야생화로 인해 가슴 찡한 감동을 받은 적이 있습니다. 여리디여린 꽃잎이 어찌 그리 혹독한 추위를 이겨내고 청초한 모습으로 피어날 수 있는지 경이로웠습니다. 그 이름은 변산바람꽃이었지요. 가냘프지만 강인한 모습으로 하이얀 꽃잎을 밀어올린 그 몸짓의 감동이 한동안 가슴 속을 맴돌았습니다.

맑디맑은 영혼을 가진 현소(玄小) 이영희. 그의 첫인상이 바로 그 바람꽃이었습니다. 아픔을, 절망을 초연하게 받아들여 삭여낸 듯한 그의 모습에서 바람꽃을 떠올렸다면 당연한 일일 것입니다.

그 여인이 천형처럼 어깨를 누르는 멍에를 지고 달관한 자세로 고통을 뿌리 삼아 바람과 구름을 불러 모아 꽃을 피웠습니다. 그의 손끝에서 매화와 국화가, 난초와 야생화가 피어났습니다. 그의 붓끝에서 봄, 여름, 가을, 겨울이 순행하고 있습니다.

현소, 그가 빚은 색감은 그를 닮아 순수하고 영롱하여 바라보고 있노라면 덩달아 순연한 그 빛 속으로 스며드는 느낌입니다. 마치 비 오는 날 창가에 앉아 바라보는, 투명하지만 촉촉이 젖은 세상 같습니다. 어쩌면 그는 두 눈 가득 우수(雨水)를 담고 그림을 그렸을지 모른다는 생각도 해봅니다.

저 깊은 심연에서 하염없이 끓어오르는 갈망을 현실이란 고삐에 묶어 누르고 누르다 마침내 어떻게 해볼 수 없는 지경에 이르렀을 때 자신을 옭아매고 있던 끈을 과감히 끊어버리고 창조의 세계로 들어갔듯 이번에 그는 또 한 번의 새로운 시도를 하고 있습니다.

조그만 여인이 동그마니 앉아 물기 머금은 닥종이를 붙이고 한 땀 한 땀 바느질을 하듯 문지르고 채색을 하는 과정은 상상만으로도 안타까운 정경입니다. 닥종이의 질감이, 빗살무늬 닮은 빛의 파장이 그의 아픔인 양 느껴져 가슴 한쪽이 아려옵니다. 하지만 그의 작품은 거기서 끝나지 않고 자신의 고통을 승화시켜 세상의 하고많은 고된 마음들에 넉넉한 힘이 될 수 있음을 저는 확신합니다.

우리는 악조건 속에서 피어난 꽃이 더 향기롭다는 것을 알고 있기에 여기 그를 향해 큰 격려를 보내주어야 할 의무가 있다고 봅니다.

가을 하동

가을이다.

나는 이 가을에 섬진강 솔바람 소리를 들으러 갔으면 한다.

가을은 모든 자연에 결실을 맺게 하는 계절이지만 그 풍족한 만큼 한편으로는 또 소슬한 느낌을 떨칠 수 없게 한다. 생명이 움트던 환희의 봄과 신록이 무성하던 여름을 보내고 드디어 결실의 계절을 맞이하는데 과연 나는 다가올 겨울을 맞이할 준비가 되었는지 돌아다보며 다소 의기소침해지는 것도 사실이다. 그럴 때면 하동을 떠올린다.

내처 남으로 남으로 달려 섬진강을 만나려는 즈음엔 마음을 짓누르고 있던 그 무언가에서 벗어나 두루 산천을 살필 여유가 생기게 된다.

전주와 남원을 거쳐 지리산자락을 타고 넘거나 함양쪽으로 해서 뱀사골 길을 달리다 보면 거기서 가을산을 만끽하고 충분히 깊어진 강도 만날 수 있어 누구에게나 으뜸 코스다. 쌍계사에 들러 시원한 약수 한 쪽박 들이키면 신선이 따로 없다. 어느 해에는 노고단에 올라 지리산이 품고 있는 마을을 셈해 보고 내려오다 또 다른 정취를 찾아내기도 했다. 이즈음에는 속 시원히 뚫린 고속도로를 이용해 광양쪽에서 하동을 바라보는 운치도 빼놓을 수 없을 듯싶다.

어디 가을뿐인가. 하동송림은 사계절 내내 또다른 색깔로 손짓을 해대니 수시로 몸살을 앓을 수밖에.

그림처럼 목선 한 척 띄워놓고 긴 장대를 세워 재첩을 잡는 아낙들을 보며 강을 따라 내리면 하동송림이 반긴다. 넓은 백사장과 맑은 물이 어우러진 곳에 자리잡아 더 운치를 보태는 솔밭에 드는 그 순간 세상 부러울 게 어디 있으랴 싶다. 폭신한 솔가리에 누워 바늘잎을 스치는 바람소리를 귀담아 듣다보면 내 몸에도 그윽한 숲의 향내가 배어드는 것 같아 은근한 웃음까지 머금게 된다.

이곳의 소나무들은 하상정(河上亭)에서 활을 쏘던 옛궁사들의 옷을 죄다 모방한 것인지, 아니면 바다를 그리다 거북이의 등을 본뜬 것인지 한결같이 무늬가 선명한 갑옷들을 입고 있다.

중국인들은 황산(黃山)과 소나무를 일컬어 '無石不松, 無松不奇(황산에 돌이 없으면 소나무가 아니고, 소나무가 없으면 기이하지 않다)' 라고 한다지만, 예로부터 우리만큼 소나무와 더불어 애환을 나누며 살아온 민족도 드물다 싶다. 보릿고개를 넘던 그 시절 들큼쌉싸름한 송기(松肌)로, 그윽한 송홧가루로 배고픈 설움을 달래 주기도 했으니까 말이다. 그래서일까, 우리 민족의 기백도 소나무를 닮았다지 않는가.

이번 나들이에는 하동송림에서 죽어서도 제 소임 다하고 있는 나무를 만나고 싶다. 몇 백 년을 바람막이로 서 있는 750여 그루의 소나무들, 그 안에서 제 역할을 충분히 하고 아름다운 풍광까지 선사하다 태풍에 쓰러진 솔 한 그루(18번), 그가 백사장군과 청송장군으로 다시 태어나 동료 소나무 옆에 나란히 서 있다니 그보다 더한 보시가 어디에 있을쏜가. 그 장승 앞에 서면 삶의 이치 하나쯤은 깨달을 것 같다.

솔숲에 이는 바람소리에 귀를 맑히고 한 나무의 일생을 엿본 다음 무딤이들을 지나 고소산성에 오를 작정이다. 지리산에서 서남향으로 뻗어 내린 산맥이 섬진강에 의해 끊어지면서 험준한 비탈을 이루어 삼국시대에는 천연의 요충지였다는 곳, 북서쪽으로 지리산이 병풍처럼 둘러 있고 서쪽으로 섬진강 물이 유장하게 흐르며, 남쪽으로는 동정호를 끌어안은 평야의 풍경을 한눈에 조망할 수 있는 이곳. 너른 악양들판을 가슴 탁 트이게 조망할 수 있는 최적의 장소가 고소산성(姑蘇山城)이지 않은가.

산성에 오르기 전 무딤이들에서 마음을 애끓게 하는 소나무와의 만남 또한 빼놓을 수는 없다. 어떤 풍파에도 끄떡없이 들 한가운데 꼿꼿이 서 있는 소나무 두 그루의 기상은 말해 무엇 하리. 그보다는 작은 무인도일 때부터 그곳을 지키며 굳혀온 사랑 나무의 애절한 몸짓에 내 눈을 맞추고 싶다. 하나로는 외로워 둘이 마주 선 그 마음, 어디 나무라고 사랑을 못하랴. 멀리 섬진강변에 은빛으로 출렁이는 갈대도 그들의 정겨움에 분위기를 보탤 것이다.

몇 해 전 고소산성에 올랐을 때는 이름만 산성일 뿐 거의 허물어진 돌무덤으로 남아있어 더없는 무상을 느꼈었다. 하지만 이 가을에는 무너져 뒹굴고 있는 돌 낱낱의 소리에도 귀를 기울여보려 작심한다. 어찌 아는가. 그 속에 잠긴 긴 세월의 틈을 비집고 나오는 애증과 욕망과 회오의 흔적을 만날 수 있을는지.

천년의 치열한 접전 속에 피 흘리고 스러져간 넋들 있어 오늘 스치는 이 바람결에 오랫동안 묻어두었던 아득한 옛이야기를 솔솔 풀어내 쏟아놓을는지.

리카온의 모정

누군가를 애타게 그리며 기다려 본 적이 있는가?

"엄마, 빨리와요. 보고싶어요."

애처러운 눈망울의 두 아이가 간절히 엄마를 기다리고 있다. 다섯 밤만 자면 온다고 약속한 엄마를 기다리며 손가락을 헤는 아이, 그 다섯 밤에 다시 다섯에 다섯을 곱해도 엄마는 오지 않는다. 그러나 아이는 포기하지 못하고 오늘도 엄마가 돌아오는 꿈을 꾼다.

모든 젖먹이동물의 암컷들은 물고기나 새들처럼 알을 몸 밖에 내놓고 품는 것조차 안심이 되지 않아 아예 자신의 몸 속에 품기로 작정한 동물이라고 누군가 말했었다. 그렇게 공들여 자신의 몸 속에 키워 낳아서도 어미는 젖을 뗄 때까지 희생으로 봉사한다. 하물며 사람은 잉태된 생명을 열 달씩이나 뱃속에 품고 있지 않던가. 그런 자신의 분신인 자식을 버리는 어미의 비정함에 가슴이 서늘해진다.

언젠가 보육원에 맡겨진 자신을 데리러 올거라고 굳게 믿고 기다리는 한 아이의 소원을 위해 그 엄마를 수소문해 찾은 적이 있다. 어렵게 찾은 아이엄마의 태도는 칼바람보다 더 매서웠다. 다른 사람 만나 잘 살고 있는데 방해받고 싶지 않다는 투로 아이와의 만남조차도 강경히 거부했다. 찾아간 사람들을 향해 도리어 당신들이 뭔데 남의 일에 나서냐고 따졌다. 두 번 버림받은 아이의 뒷모습에 어리던 쓸쓸한 그림자가 오랜 시간이 흐른 지금까지 내 망막에서 사라지지 않는다.

예전에는 부득이 이혼을 할 경우, 양육권이 남편에게 있는 우리의 호적법 때문에 아이를 빼앗기고 우는 엄마들이 있었다. 그런데 요즘은 서로 아이를 떠맡지 않으려고 한다. 자식의 이혼으로 떠맡은 손자를 늘그막에 키우느라 노심초사하는 할머니들을 주위에서 쉽사리 만날 수 있고 고아원에는 부모 있는 아이가 많다.

동물 중에 비루먹은 늑대처럼 생긴 리카온이 있다. 참 못생긴 리카온을 TV를 통해 바라보던 나는 어느 순간 그들의 삶의 방식에 진한 감동을 받았다.

리카온은 신선한 고기만을 먹기 때문에 하루도 거르지 않고 사냥을 하는 부지런한 동물이다. 먹이를 사냥한 후에도 자신의 배를 채우기 위해 급급해하지 않는다. 새끼들이 배불리 먹을 때까지 지켜볼 뿐이다. 사냥에 참가하지 못하고 먼 곳에서 기다리는 새끼들을 위해 그들은 독특한 방법을 사용하기도 한다. 흡사 옛날 우리네 할머니들이 손자에게 밥알을 씹어 먹이며 심알(心卵)을 이었듯 고기를 대강대강 씹어 삼켰다가 돌아와서 새끼들에게 다시 뱉어 먹인다. 자신의 새끼가 아닌 경우에도 정성 들여 거둔다. 또한 너무 늙어 사냥에 나서지 못하는 동료의 부양까지 철저히 공동의 몫이다. 그들의 모성적 본능, 그것은 상실되어가는 인간의 모성애에 대한 매서운 회초리였다.

양의 해를 맞으며

예전에 할아버지는 새해가 시작되면 지난해의 달력을 정리하고 새 달력에 빼곡히 신년계획을 적어 넣곤 하셨다.

달력에는 간지(干支)가 표시되어 있어 새해에는 무슨 띠인가와 그 해당 동물의 성정에 따라 소망을 걸고 심지어는 집안에 새로 태어날 아이의 예상 출산일과 사주를 맞추어보기도 했다.

간지는 주역의 산물이므로 그에 따라 사주를 보고 인간의 운명과 진로를 점치는 것은 미신일 수 있다. 그러나 그 해에 해당하는 동물의 장점을 살려 다짐과 소망을 갖는 것은 재미있는 일이라 생각된다.

2003년 계미년(癸未年)은 양띠의 해다. 양은 순종을 상징하는 동물로 우리 인간들의 심성에 좋은 본보기가 되고 있다. 그들은 한 마리의 선도자를 무리 지어 따라가는 습성이 있다. 그리하여 양떼를 치는데는 많은 인력이 필요하지 않다. 한 사람의 양치기 소년과 길들인 셰퍼드 몇 마리면 몇 백 마리의 양이 일사분란 하게 움직이는 모습을 볼 수 있다. 즉 그들은 자신의 이익만을 추구하기 위해 개별행동을 하지 않는다. 일설에는 극히 눈이 나쁘기 때문에 앞서 가는 동료의 뒤를 다를 수밖에 없다고도 하지만 어쨌든 집단생활을 하며 상대를 배신하거나 무리에서 이탈하지 않는 신념과 우애를 가진 동물로 알려져 있다.

그들은 순종의 상징인 동시에 평화의 상징이기도 하다. 푸른 초원에서 한가로이 풀을 뜯고 있는 하얀 양떼의 모습은 평화의 세계 그것이다. 해질녘 풀을 뜯다가 목동의 피리소리에 대열을 지어 귀소에 오르는 정경은 목가적이다.

특히 양은 기독교와 밀접한 동물이다. 성경엔 예수님은 목자요, 그 신자들은 양으로 묘사되어 있다. 또한 양은 신께 바치는 신성수(神聖獸)로 여겨짐과 동시에 속죄동물의 이미지가 강하다. 예수님은 우리 죄를 구속하기 위해 하나님의 희생양으로 이 땅에 왔다.

그는 권세와 능력이 무한한 하나님의 아들이지만 죄 없이 십자가에 못 박혀 피와 땀을 흘리며 우리 인간을 위하여 희생의 제물이 되었다.

어느 해라서 다사다난하지 않은 해가 있었는가마는 지난 임오년 말띠 해는 정말 희비가 엇갈리는 한 해였다. 온 국민을 하나되게 하며 열광시켰던 월드컵 때는 천리마가 바람을 가르는 듯했는데 뒤이어 몰아친 태풍 루사는 길들이지 않은 야생마처럼 온 국토를 헤집었다.

수해의 상처가 아직 아물지 않아 컨테이너박스에서 겨울을 지내고 있는 사람들은 어서 이 해가 지나고 초원에서 풀을 뜯는 양처럼 평화로운 삶을 그리고 있을 것이다. 나 또한 해를 거듭하며 나이를 먹는 게 부담스럽지만 '새해에는…' 하는 기대감으로 2003년을 맞이한다. 계미년, 양의 해를 맞아 공동체의 유익과 어려운 사람들을 위하여 양의 희생과 순종을 배우고 실천할 일이다.

제 4 부

맥박의 요동소리

그녀가 살아가는 이유

26살 처녀가 소녀 같은 몸짓으로 세상을 둘러보고 있다. 죽음을 넘나들다 다시 보는 세상이 마냥 신기한 듯 그녀는 작은 것 하나도 재미있어 한다.

그녀는 무심한데 길을 가던 사람들이 그녀의 얼굴을 보고 놀라서 비켜선다. 개구쟁이 녀석이 진흙으로 제멋대로 주물러 놓은 듯 그녀의 얼굴은 형태가 몹시 일그러져 있다.

예쁜 얼굴을 가지고 있던 그녀는 몇 년 전에 교통사고를 당했다. 그 사고로 심한 화상을 입고 지금의 얼굴과 쪼그라진 손을 갖게 되었다고 한다.

그녀는 나를 두 번 놀라게 했다. 한 번은 그녀의 일그러진 얼굴과 손이고 또 한 번은 그녀의 표정이다. 자신의 처지를 비관할 만도 한데 의

외로 가족들을 위로하며 담담하기까지 하다. 하나님이 자신의 일그러진 모습도 사랑하실 것 같아 살아가는 이유가 된다는 그녀의 말이 믿음이 약한 나의 뒤통수를 강하게 쳤다. 이유없는 고난을 받으면서도 하나님을 결코 저버리지 않고 믿은 욥처럼 흔들림 없는 그녀의 믿음과 그녀에게로 향하는 하나님의 힘이 함께 느껴지는 순간이기도 하다.

며칠 전에는 만족스럽지 못한 성형수술에 고민하던 여성 두 명이 동반 자살해 세상 사람들을 놀라게 했다. 예전에 우리의 젊은이들이 독재와 맞서 자유를 위해 투쟁을 한 것은 역사 속에 묻혔고 이제는 미를 위한 투쟁인가 싶어 섬짓했다.

그리고는 똑같은 20대의 여성들이 선택한 길이 너무 다름에 나는 적잖이 당황스러웠다. 물론 자살을 택한 그녀들에게 돌을 던질 마음은 없다. 세상이 그들을 궁지로 몰았으니까.

'다른 것은 다 용서해도 못생긴 것은 용서할 수 없다' 는 말이 한동안 젊은이들 사이에 회자된 적이 있다. 젊은이들 뿐만 아니라 입사시험에서도 여성은 꽃인 양 실력이나 성실성보다는 얼굴에 더 후한 점수를 주었다는 것은 공공연히 알려진 일이다.

이런 세상이므로 자신의 일그러진 모습도 하나님이 사랑하실 것 같아 살아가는 이유가 된다는 그녀가 더 돋보이는지 모른다. 어쩌면 하나님은 그녀를 도구로 쓰기 위해 그토록 뼈를 깎고 살을 태우는 고난을 주신 게 아닐까? 아직도 성형수술에 목숨을 걸고 있는 많은 여성들에게 당당하게 사는 방법을 보여주시려고 한 것은 아닐는지.

우리의 고전에도 「박씨부인전」이 있다. 얼굴이 추물로 생겨 남편으로부터 갖은 구박과 냉대를 당하지만 그녀는 굴함없이 살아간다. 도리어 남편이 역경에 부딪힐 때마다 힘이 되어주며 그 모든 고난을 이겨내고 누에가 탈피를 하여 나비가 되듯 새로운 모습으로 태어난다.

욥이 다시 하나님의 축복을 받았듯이 그녀의 부활을 꿈꾼다.

미완성

한 코 한 코 올을 걸었다.

아주 오랜만에 뜨개질감을 들고 앉으니 새삼스런 기분이 들었다. 신혼초 시어머니는 시간만 나면 뜨개질을 하고 있는 내 모습이 궁상스럽다고 말리셨다. 통이 크셨던 어머니 눈에는 젊은것이 외출이나 할 일이지 집에 틀어박혀 가는 바늘로 코나 줍고 있는 게 보기 딱하셨을 게다. 어머니 가신 지 오래고 나도 뜨개질을 놓은 지 오래였다.

퇴근길에 우연히 내가 좋아하는 녹색의 실이 눈에 띄어 사왔다. 무엇을 뜰까 생각하다 여름이면 바깥에서 훤히 들여다보이는 문에 걸 발을 만들기로 했다.

양쪽에 두 줄로 붕어가 꼬리와 입을 잇대고 있는 모양의 무늬를 넣고 나머지 부분은 긴뜨기로 마무리 지으면 일석이조의 효과를 낼 것 같았다.

뜨개질은 아무리 급해도 서두르지 않고 한 코 한 코 떠 올라가야 한다. 코를 빠트리면 무늬뿐 아니라 모양새가 매끈하지 못하므로 차분히 올을 걸어야 한다.

모처럼 마음을 가라앉히며 뜨개질을 하다보니 세상사 모두 저만큼 물러나는 듯하고 그동안 바쁘게 살아온 날들로 인해 무심히 넘긴 작고 소중한 기억들이 새록새록 떠올라 행복했다.

시작이 늦었던가? 날씨는 무더워졌고 그래서 우리집 문은 벌써 열렸지만 드리워질 발은 아직 미완성이다. 갑자기 마음이 조급해졌다.

혼자서 조급증을 내다 스스로에게 물음표를 던졌다.

'나는 내게 주어진 시간을 때맞춰 매듭 지으며 살고 있는 것일까?'

계절을 넘겨 완성될 발이야 돌아올 내년 여름이 있으니 걱정 없지만 나를 스쳐지나간 일들을 매듭짓지 못한 채 의미없이 보내지는 않았는지 돌아봐졌던 것이다.

바로 그때 어렸을 때 읽은 동화가 생각났다.

계모의 마법에 걸려 백조가 된 일곱 왕자와 공주의 이야기였다. 공주는 오빠들이 가시풀로 짠 옷을 입으면 마법이 풀린다는 것을 알고 고통을 무릅쓰고 뜨개질을 시작한다.

한 코, 또 한 코…. 가시에 수없이 찔리며 손에 피가 맺혀도 중단할 수 없는 뜨개질. 이제 마지막 옷, 팔 하나만 마저 뜨면 되는데 아쉽게도 그녀에겐 남은 시간이 없다. 마법이 풀릴 수 있는 마지막 기회, 초조한 공주는 완성된 여섯 벌과 미완성인 옷을 함께 백조들에게 던져준다.

완성된 옷을 입은 왕자들은 모두 예전의 모습으로 돌아왔지만 미완성 옷을 입은 마지막 왕자의 한쪽 팔이 백조의 날개여서 마음이 몹시 아팠던 기억이 난다.

지금 생각해 보니 마법이 풀리지 않았으면 어떠랴 싶다. 오빠들을 위한 공주의 사랑이 중요하지 않은가. 가시풀로 옷을 짜는 사랑, 그것은 피를 짜는 고통이지만 그보다 더 아름다운 사랑이 어디 있겠는가.

인생은 어차피 미완성이라고 했다. 그렇다면 완성까지는 아니더라도 누군가를 위하여 삶의 뜨개질을 할 수 있다면 좋겠다. 비록 화려한 무늬의 비단은 못될지라도 한 올 한 올 정성을 들이는 그곳에는 작은 일상들이 아롱질 것이다. 눈물 한 방울조차도 허투루 버리지 않고 무늬로 아로새긴다면 그 자체로도 의미로울 것 같다.

도사와 아들

내가 출퇴근하는 지하철역에는 고정 자리지킴이 한 사람이 있다. 본색을 분별할 수 없도록 때가 절은 옷과 물을 만난 지 오랜 머리카락에 꾀죄죄한 얼굴이 그곳에 자리 잡은 것은 지난 가을부터였다. 처음 한동안은 입구 한켠에 잠자리를 마련한 그와 지하철 직원의 실랑이가 종종 눈에 띄었지만 언제부터인가는 아예 그곳의 주인이 되다시피 했다.

그는 밤이면 신문지 몇 장과 누더기 같은 옷을 둘러쓰고 잠을 자고 낮이면 그것들을 뭉쳐 깔고 앉아 낡은 한서를 들여다보며 중얼거리곤 한다.

햇빛 좋은 날이면 지상으로 올라앉아 해바라기를 하는데 항상 그의 손에는 자신의 가슴께가 넘는 긴 대나무지팡이와 찻잔이 들려 있다. 은발을 길게 기른 모습하며 당당한 그의 표정이 꼭 득도한 도인 같아 보여 나는 그에게 '도사'라는 별명을 붙여주었다.

세상사 달관한 듯한 그가 가끔 꼭 집어 누군가가 아닌 세상을 향해 삿대질을 할 때가 종종 있다. 마침 그곳을 지나다 몇마디 귀동냥을 할 때면 나를 향해 야단을 치는 것 같아 뜨끔하기도 하고 어느 때는 내가 하고 싶은 말을 대신하여 주는 듯하여 통쾌함을 느끼기도 한다. 한마디 한마디가 구구절절 옳은 말씀이다.

그가 왜 그곳에서 노숙을 하는지 알 수 없지만 추측컨대 직장을 잃고 집을 나온 것 같기도 하고 한편으로는 고행을 체험하려는 구도자 같기도 하다. 이유야 어떻든 간에 요즘은 날씨가 추워져 노숙을 하기에는 만만치가 않다. 내가 출근할 때까지 꼼짝 않고 누워있는 날이면 혹시 간밤에 얼어죽은 것이 아닌가 가슴이 철렁 내려앉기도 한다.

오늘 아침, 그가 한 젊은이와 실랑이를 하고 있었다. 저 젊은이가 대체 뭘 잘못했길래 엉거주춤 서서 꾸중을 듣고 있나 유심히 봤더니 그 도사를 빼닮은 모습이 한눈에 봐도 아들임에 틀림없었고 집으로 가기를 간청하는 듯했다. 아마 소식도 없이 집을 나간 아버지를 수소문 끝에 찾았으나 반가움보다 안타까움이 앞서는 모양이었다.

혹여 고행을 위해 거리에 나앉았다 하더라도 나는 그가 아들을 따라가 엄동의 기간만이라도 가족들과 함께 지냈으면 한다. 그래야만 매일 아침 그를 볼 때마다 느끼던 불쌍한 마음과 선뜻 돕지 못한 내 마음의 빚이 덜어질 것 같다.

자식이 안하던 짓을 하며 노부모에게 멀리 여행을 가자고 하면 긴장하라는 우스개가 있다. 먼 곳으로 여행을 가서 부모를 떨궈놓고 종적을 감추는 자식들이 심심찮게 있는 세상이고 보면 그래도 도사는 행복한 사람인가 싶다. 그를 찾아 나선 아들이 있으니.

함께 가는 길

이문열의 소설 「아가(雅歌)」에는 당편이란 사람의 이야기가 나온다. 흔히 반편이라고도 하는 그가 풀씨처럼 한 동네에 날아들어와 부락구성원으로 자리를 잡아가는 과정과 그를 통해 일어나는 일련의 크고 작은 사건들이 전개된다. 동네사람들은 그녀가 저지르는 실수를 순수한 심성쯤으로 여겨 공동체의 한 사람으로 끌어안는다.

"낑가조라(끼워줘라). 너들하고 한 쌈에 여주라(넣어줘라)"는 동네어른의 말처럼 그 시절의 부락은 그녀를 닮은 사람들이 들어앉을 틈새가 있었던 것이다.

꼭 그 소설이 아니더라도 오래전 내가 살던 동네에는 보통사람들과는 다른, 당편이를 닮은 사람이 있었다. 가끔씩 놀림감은 될망정 그녀는 동네사람들과 표나지 않게 어울려 살았다. 그런데 이기만이 거대하게 부푼 오늘은 어떤가. 정신병자나 장애인 또는 좀 모자라는 사람을 귀찮아하며 그들이 설자리를 주지 않는다. 한 구성원으로 그들을 감싸고 이해하기보다 격리시키기 일쑤다.

그 시절의 그들은 비록 정상적인 사람들과는 행동서부터 모든 게 서툴렀지만 순수한 심성으로 남을 해코지하지는 않았던 것 같다. 그런데 정상인이라고 자처하는 요즈음의 사람들은 어떤가. 자신의 불행을 남의 탓으로 돌리고 세상을 원망하며 점점 난폭해지고 있다.

죽고 싶은데 혼자 죽는 게 억울하다는 이유로 3백여 명 가까운 사상자를 낸 대구지하철참사만 해도 그렇다. 뇌졸중으로 쓰러져 치료를 받던 병원에 대한 불신과 세상에 쌓인 불만으로 저지른 사건도 그 한 사례다.

많은 이들의 가슴에 한을 남긴 사건을 보며 어느 누가 바로 내 옆에서도 일어날 수 있는 문제가 아니라고 할 수 있는가. 불지옥 같은 그곳에서 죽음을 맞은 이들은 오로지 그 시간에 공교롭게 그곳에 있었을 뿐이다. 불특정 다수를 노리는 범죄에서 우리 중 누구도 자유로울 수 없다.

내 친구에게는 착하고 예쁜 딸이 하나 있다. 수능시험을 앞둔 어느 날 갑자기 아이의 눈이 초점을 잃었다. 넋이 나간 사람처럼 행동하더니, 아주 가끔씩 어디서 그런 힘이 솟는지 감당하기 힘들 만큼의 난폭

한 행동을 하기 시작했다. 그런 딸의 고통을 함께 아파하며 백방으로 뛰어다니다 지친 그녀가 지하철참사를 보는 심정은 어떨지 안타깝다.

예전보다 물질적으로는 풍족해졌을지 모르지만 점점 더 치열해지는 삶. 생존경쟁에 부대끼며 살벌한 세상을 살아가다 영혼에 상처를 입은 심성 여린 사람들을 밀쳐만 낼게 아니라 끌어안아야 되지 않을까. 소외당한 느낌이 들지 않게.

암각화에 담긴 사연

선사시대의 유적으로 추정되는 울산 반구대(盤龜臺) 암각화를 보러 갔다. 좁은 산길은 승용차 두 대가 서로 비켜가기가 아슬아슬했다. 맞은편에서 다른 차가 올 경우 꼼짝없이 뒷걸음질 쳐야 할 형편이라 일행들은 내려서 걸어가기로 했다.

차에서 내려 이마에 손을 얹고 가야 할 길을 바라보았다. 완만한 고갯길이 꼬부라져 넘어간 저쪽은 보이지 않아 가늠할 수 없었다. 반구대는 저 고개를 넘어서도 한참을 가야한다는 바람에 우두망찰하여 서 있으려니 운전대를 잡은 권선생이 걷기에는 무리라 싶었는지 자동차로 가는 데까지 가보자고 했다. 조마조마한 마음으로 산길을 돌았다. 다행히 길은 비어 있었다.

반구대에는 짐승을 쫓는 사냥꾼의 모습을 비롯해 그물, 배, 거북, 물

개 등의 조각이 선명하다고 한다. 청동기시대쯤 깎아지른 바위에 쪼아 만든 암각화는 아마 사냥의 풍성함과 생의 번식을 기원하는 옛사람들의 신앙의 장소였을 거란다.

특히 사슴, 노루, 호랑이, 고래 같은 포유류는 이 암벽의 주인공이라 해도 과언이 아닐 정도로 많이 묘사되어 있다지 않는가. 한데도 우리는 사슴 한 마리는커녕 뿌연 물빛만 보고 발길을 돌려야 했다. 우리가 힘들게 그곳에 도착했을 때는 기나긴 세월을 담은 암각화가 물 속에 몸을 숨기고 있었기 때문이다. 태화강 지류인 대곡천에 식수 및 공업용수로 사용하는 저수지를 막은 탓이란다. 그래서 연중 3개월 정도 갈수기에만 암각화를 볼 수 있다니….

암각화가 맑은 햇빛 속에 내내 모습을 보여주면 좋으련만. 아쉬운 마음 달래며 돌아서는 심정이 꼭 그리운 님 찾아 천릿길을 달려갔다가 무정한 꼭뒤만 본 느낌이었다.

아쉬움으로 마음을 끓이다가 다시 곰곰 생각해 보니 꼭 그럴 일만도 아니었다. 그가 품고 있는 시간이 얼만데 어찌 쉽게 몸을 보여 주겠는가. 그의 그 부끄럼이 긴 세월 속에서도 온전히 제 형상을 지켜낸 것이 아닐까?

나처럼 이곳까지 왔다 암각화를 못보고 발길을 돌리는 이들을 위해 마침 입구에 커다랗게 확대된 사진이 걸려 있었다. 흔적을 남기고자 하는 것은 사람된 자의 욕망일까? 절절한 몸짓으로 바위를 갈았을 선사인의 모습이 투박하지만 정교하게 남겨진 그의 역사 위로 겹쳐졌다.

우리도 먼먼 후손들에게 흔적을 남기고자 나름대로 열심히 살고 있는 것이리라. 혹여 잃어버릴지도 모를 이야기를 위해 가끔은 타임캡슐을 묻기도 하면서….

풍경 하나에도

"저기 낙조 좀 봐요."

우리가 포항에 도착한 것은 해질 무렵이었다. 마중나와 있던 분의 승용차로 포항제철과 해병대 전적지를 사열하듯 지나 구룡포쪽 바닷가에서 시내를 건너다보고 있는 숙소에 들어섰다.

그때 마침 저 멀리 서쪽하늘 구름 속으로 커다란 불덩이가 잠기며 하늘이 이글이글 불타고 있었다. 보름달처럼 둥그렇던 해가 호흡을 한 번 삼킬 때마다 조금씩 이울더니 드디어 내 손톱 끝에서 첫눈을 기다리다 초생달만큼 남은 봉숭아꽃물처럼 작아지다 사라졌다. 여운처럼 남아있는 붉은빛에 우리는 서로 흥분된 기분을 감출 수 없어 수다스러워졌다.

동해에서 해돋이라면 모를까 해넘이를 보다니? 일행 중 한 분은 바다를 끼고 호랑이꼬리 쪽으로 온 생각은 잠시 잊어버리고 내내 고개를 갸웃거렸다. 하여간 여간 운수 좋은 날이 아니었다. 덤으로 내일 아침 일출까지 볼 수 있다니 이런 행운이 또 어디 있겠는가.

지난날 밤중에 잠시 스쳐간 것이 전부인 포항과의 인연 이후 두 번째의 만남. 우리를 환영하던 해님이 사라진 자리에는 노을빛이 아쉬움처럼 묻어있었다. 포항은 내가 그동안 짐작해 온 공업도시만의 삭막한 이미지가 분명 아니었다. 발그레 물든 포항시가지는 지금까지 내 인식에 저장되어 있던 강철냄새가 연상되는 이미지를 바꿔주려는 듯 너울을 쓴 여인의 자태였다. 저녁 어스름에 묻힌 시내가 더욱 신비로워 보였다.

어쩌면 그것은 내 관심권 밖에 있던 대상물이 어떤 계기를 통해 내 마음 속으로 들어온 것일 수도 있으리라. 그러니 내 인식에 새겨진 진실이라고 믿고 있는 것들이 얼마나 하잘것없는 것이랴. 낙조의 풍경 하나로 이미지를 바꿀 수 있음에야. 순간 나는 얼마나 많은 편견을 가지고 세상일을 대하는가. 매번 나와 연관된 것들에는 따스한 눈길을 보내다가도 나와 상관없는 것 같으면 공격적으로 대하지 않았는지. 자신의 틀에 애써 꿰어 맞추느라 상대의 진실을 외면한 적은 없는지 되돌아보게 되었다.

우리의 국토는 어디를 가던 닮아 있고 나름대로의 특색과 멋진 모습들을 지니고 있다. 어머니의 둔부처럼 펑퍼짐한 산과 그곳이 그곳 같은 동구밖 풍경, 눈에 익은 미루나무. 너의 고향과 나의 고향이 조금도 다름없다. 산천은 이러한데 우리는 곧잘 서로의 생각이나 이념이 조금만 달라도 적대시하며 편가르기를 해왔다. 풍경 하나에 강철도시가 낭만의 도시로 보이듯 역지사지의 마음으로 바라보면 모두가 내 친구, 동료인 것을….

교육계, 정치계의 돌개바람에 소시민의 가슴이 스산한 아침이다.

오래된 그림

서울로 떠난 아버지와 소식도 모르는 엄마를 기다리던 소녀는 항상 쓸쓸하였다. 외갓집에 얹혀살던 소녀에게 그나마 다행이라면 할아버지의 골방에서 다른 세계를 엿보는 것이었다. 책을 차곡차곡 담아두던 작은 궤짝을 몰래 열고 보던 한글로 된 고소설, 내용을 제대로 이해하지 못하면서도 가슴 조이던 어린 시절이었다.

그 시절 외할아버지는 소녀의 모든 것이 되어 주셨고 먼지 머금은 소설 속에서는 꿈이 피어나곤 했다. 겨울 밤 봉창에 비친 달빛에 뒤척일 때면 식구들 모르게 살며시 일으켜 반질반질하게 손때 묻은 가방에서 할아버지가 꺼내 주시던 싸늘한 국화빵. 뜨거운 사랑을 덤으로 얹은 국화빵에 배어있던 엽연초 냄새, 그 냄새가 오래도록 소녀의 기억에 남아 있었다.

이듬해 봄, 취학통지서조차 없이 어렵게 학교에 입학한 것은 소녀에겐 행운 중에 행운이었다.

할아버지 방에 있던 책과 화장실 신문조각이 유일한 읽을거리의 전부이던 아이에게 학급문고 몇백 권은 눈이 핑핑 돌 정도로 신기한 세계였기 때문이다. 그곳에는 「소공녀」가 있었고 「성냥팔이 소녀」와 「보물섬」이 있었다. 그야말로 환상과 미지의 세계가 거기 있었다.

낯선 것을 처음 보았을 때의 충격. 그랬다. 그것은 커다란 충격이었다. 낯설면서도, 한 발 한 발 다가설수록 가슴 떨리는 감동으로 다가오던 희열의 순간을 어찌 잊을 수가 있는가.

곧잘 혼자서도 무한한 상상의 세계를 키우던 소녀에게 그렇듯 눈으로 보는 이상으로 책 속에 담긴, 그곳 세상이 주는 환희는 이만저만 큰 것이 아니었다. 책의 바다 속으로, 은어가 바다를 찾아가듯 드넓은 곳을 향해 헤엄쳐 가면 그곳은 매번 소녀가 살고 있는 곳과 생판 다른 풍경으로 다가왔다. 마치 자신이 동화 속 주인공이라도 된 양 떨리는 가슴을 억제키 어려워 소녀는 때때로 열에 들떠 몸살을 앓았다. 가슴 뜨겁던 감동은 평생 소녀를 따라다녔고 문학의 뿌리가 되어주었다.

"발뒤꿈치를 들고 살살 걸어라"는 선생님의 주의에 따라 발뒤꿈치를 들고 아무리 살살 걸어도 제 먼저 알고 삐거덕거리던 마루로 된 교실과

복도, 추운 겨울날 등을 대면 구운 자갈마냥 따스해 오던 깜장 나무벽, 마냥 높아 보이던 철봉, 담 대신 둘러 선 탱자나무. 그뿐인가, 탱자나무는 봄이면 희망 닮은 꽃을 하얗게 피웠고 여름이면 황금빛 열매를 조랑조랑 매달아 또 다른 기쁨을 안겨 주었다.

서쪽 담을 대신하던 돌로 된 둑. 소녀의 무릎에 아직도 기억할 수 있는 표시를 남겨준 그곳은 아이들의 놀이터다. 전쟁통에 죽은 영혼이 꽃으로 환생했다는 노란 들꽃이 어린 가슴을 아프게 하며 다복이 지고 피고…. 둑에 올라서면 아득히 멀리 구름을 두른 산들이 보이기도 했다.

둘러보면 온통 보리밭이던 들녘. 봄이면 동심을 유혹하는 참꽃을 흐드러지게 피우던 봉긋한 동산, 여름이면 소년들의 때절은 옷을 벗기던 냇물. 곰방산 아래 개울로 멱을 감으러 갔을 때, 개구쟁이 머슴애들의 장난으로 옷을 잃어버리고 발을 동동 구르던 가시내들은 아직도 나이 들지 않고 그대로 그 시절에 머물러 있다.

눈 오는 날의 정경도 새삼스럽다. 편도 없는 눈싸움에 지칠 줄 모르다 찾아들던 짚단 속 보금자리, 그곳에 나란히 앉아 내다본 세상은 온통 흰 도화지였다. 그 도화지에 각각 자신만의 그림을 그리며 꿈을 키우곤 했다.

그처럼 소박한 꿈을 키우던 소녀가 지천명의 언덕에서 외손자를 보면서 아주 오래된 풍경을 떠올린다.

손자는 요즘 텔레비전에 푹 빠져 있다. 인형들의 동작에 눈동자를 고정시키고 있다가 음악이 나오면 춤을 추기도 한다. 형뻘 되는 옆집아이는 벌써 컴퓨터게임에 정신이 팔려 있다. 시각적인 재미에 눈을 팔고 홀로 놀기를 즐기다 저만 아는 이기적인 아이로 성장할까 걱정된다. 무한한 상상 또한 그만큼 줄어드는 것은 아닐는지.

먹는 것, 입는 것 무엇 하나 모자람 없이 왕자와 공주로 자라는 요즘 아이들, 이들도 큰 감동 하나씩 간직할 수 있었으면 한다. 그리하여 살다가 버거운 일을 만날 때 위로 삼으면 좋으련만.

도깨비불 이야기

고향은 떠나있는 사람들의 것이다.

떠나 있으므로 애잔한 단어 '고향'.

고향이란 사전적 의미는 '태를 묻고 자란 곳, 조상 대대로 살아온 곳' 으로 되어있지만 그것만으로는 뭔가 부족한 느낌이다. 추억이 있고 마음이 항상 머무는 곳도 고향일 것이다.

나는 경북 예천에 태를 묻었지만 기억할 아무런 추억거리가 없다. 그래서 고향이 어디냐고 누군가 물으면 순간적으로 당황하게 된다. 무의식적으로 퍼뜩 떠오르는 곳이 유년기를 보낸 마산이다.

마산은 현종 4년 대동법이 시행됨에 따라 낙동강 일대 13군의 조공미를 서울로 수송하기 위한 조창이 현재의 남성동에 설치되면서 마산포(馬山浦)라 한 것이 오늘날의 기반이 되었다고 한다. 6 · 25전쟁 때는 낙동강 전선의 병참기지 역할을 했으며 70년대 수출자유지역이 설치되면서 선진화의 기치를 내걸었다. 3 · 15마산의거와 부마민주항쟁은 불의를 보고 참지 못하는 이곳 사람들의 의협심의 한 단면을 보여 준 것이라 여겨진다.

내가 꿈을 키우던 합성초등학교의 서쪽 담은 돌로 쌓은 성곽이었다. 어린 우리에게 성곽은 얼마나 두텁고 높은지 그 위에 올라앉으면 온 세상이 다 보이는 듯했다.

성의 울창한 나무 사이에서 그림을 그리고 있노라면 구름조차 오래도록 우리 곁에 머물곤 하였다. 봄이면 노란 여랑화가 다보록이 피었는데 외할아버지는 옛날 침입해 오던 왜구와 싸우다 전사한 젊은이의 피가 돌 속으로 스며들어 이 꽃이 되었다고 하여 어린 가슴을 저미게 하였다. 지금은 없어진 성터와 더불어 그 꽃들도 이곳에서 사라져버렸다. 내게 그 이야기를 들려주시던 할아버지와 함께….

할아버지를 떠올리면 도깨비불 이야기를 빼놓을 수가 없다. 지금도 외가에서 회자되는 이 이야기는 할아버지가 젊어서의 일이라고 한다. 그 무렵 할아버지는 시청에 근무하시며 시오리 정도를 걸어 다니셨다.

하루는 밤늦게 돌아오시는데 곰방산 쪽에서 불빛이 번쩍이면서 따라

왔다고 한다. 짐승의 눈빛인가 했더니 그건 분명 아닌데 퍼런 불빛에 오금이 저려 발걸음이 떼어지질 않았다고. 후들거리는 다리에 겨우 힘을 실어 사력을 다해 도망쳐 집으로 들어서시며 외마디 소리로 "저 불빛" 했는데 외삼촌과 이모들이 내다보니 불빛은 간 데 없고 할아버지는 물에 빠진 사람처럼 땀에 흠씬 젖어 있더라고 했다. 그때 일을 상기하는 이모들은 아직도 이상하다고 하신다.

과연 그 불빛은 도깨비불이었을까? 아니면 할아버지가 헛것을 본 것일까.

현대는 과학의 시대이다. 현대인들은 눈에 보이는 것과 증명된 것만을 사실이라고 한다. 그러므로 그것은 도깨비불이 아니라 인불이라는 말로 설명한다. 그러나 과연 눈에 보이는 것만이 사실일까. 그 당시 지식인이었던 할아버지가 도깨비불이라 믿었던 그 불빛과 돌 속으로 스며든 피가 노란 꽃으로 피어났다는 이 모든 것이 우리의 설화나 전설의 근원일 것이다. 또한 그 설화나 전설이 고향의 뿌리가 아니겠는가.

그렇게 종종 도깨비가 나타나던 곳이 이제는 네온사인 반짝이는 도시로 변모했다. 온통 보리밭이던 곳을 딛고 일어선 빌딩들이 밤이면 불빛을 쏴대어 그야말로 신도깨비불빛으로 밤이 없어져버렸다.

신마산 댓거리에서 경남대학교 뒤쪽으로 올라가다 보면 감천쪽으로 언덕배기가 하나 있다. 만날고개이다. 추석 다음 다음날인 음력 8월 17일이면 많은 사람들이 이곳으로 몰려들어 질펀한 행사를 가진다. 그네도 뛰고 만날재 고유제도 지내고 심지어는 노래자랑까지 하는 마산시민들의 날이다. 6 · 25때는 적군이 이곳까지 왔다가 후퇴하였다고 한다.

이 만날고개 역시 애절한 전설이 스며있다. 옛날 병든 어머니를 봉양하기 위해 벙어리 신랑에게 재물에 팔려서 시집 간 처녀의 전설이 있는 이곳은 간절히 보고 싶은 사람을 소원하면 만날 수 있는 곳이란다.

어느 한 해 황혼의 이모와 엄마는 자신들의 첫사랑을 만날 수 있지 않을까 하는 기대를 갖고 그곳에 갔던 적이 있다. 물론 그날 엄마가 추억 속의 그 사람을 만났는지는 아직까지 궁금하다.

만날고개 아래로는 다 쓰러져가는 기와 얹은 흙담벽과 촌집이 도시화된 곳에 잃어버린 고향처럼 한참 동안 남아 있었다. 흙담장 아래에서서 바다쪽을 내려다보면 도야지를 닮았다는 돝섬이, 저만큼 한국중공업이 바라보이기도 했다.

이제는 그 촌집도 간 곳이 없고 어린 시절 맨발로 조개나 해산물을 채취하러 다니던 갯벌도 자유수출지대가 들어서는 바람에 사라져버렸다.

그 대신 봄이면 진달래가 풍성히 피어나는 무학산이 어머니 같이 안온한 모습으로 치맛자락을 펼쳐 마산시가지를 품어안고 있다. 넉넉한 가슴으로 앉아있는 무학산 아래 제비산, 용마산 등이 뽐내지 않는 품으로 서 있고 산호공원의 이은상 선생의 「가고파」, 이원수 선생의 「고향의 봄」 등 작고문인들의 시비와 노래비는 이곳이 예향의 도시임을 말해 준다.

고향이 어디냐는 말에 매번 당황하는 나는 어쩌면 부평초 같은 인생을 산 게 아닌가 싶어 자괴심이 들기도 하지만 유년기를 보낸 마산에서의 추억이 있어 위안을 얻는다.

살다가 지칠 때면 가끔 마산행 열차에 몸을 싣는다. 지친 내 육신을 쓰다듬어 줄 것 같은 기대로 그곳을 찾으면 구수한 사투리가 먼저 나를 알아보고 반긴다. 더불어 귀에 익은 사투리를 유창하게 구사하는 친구들이 아직도 고향을 지키고 있어 안도감을 느낀다.

고향은 떠났던 사람들이 언제든지 찾아갈 수 있도록 전설을 간직한 채 변함없이 그 자리에 서서 기다려주는 곳이 아닐까.

미움으로 자라는 나무

어느 한 사람을 미워했던 적이 있습니다.

누군가를 미워한다는 것은 가슴 속에 까시쟁이나무 한 그루 키우는 것 아니겠습니까? 그 까시쟁이나무가 무성한 가지를 드리우고 뿌리를 깊게 박을수록 상처받는 것은 나 자신이 아닐까 하면서도 마음을 다스릴 수가 없었습니다.

나는 할머니 산소를 거미줄처럼 파고 들어가 시신조차 쉴 수 없도록 만든 까시쟁이나무의 그 파괴성과 집착성에 치를 떨었던 적이 있습니다. 그것들은 아무리 뽑고 잘라 내어도 끈질기게 뿌리를 내렸습니다. 시신을 자양분 삼아 더 무성히 자라는 것 같았습니다.

할머니는 살아생전 편치 못했던 육신을 죽어서조차 편히 쉬지 못하고 이리저리 쫓겨다녀야 했고 몇 번의 이장 끝에 자유를 얻었을 때는 까시쟁이의 패악성을 한 움큼의 앙상한 뼈로 보여 주었습니다. 미움을 키운다는 것은 그처럼 까시쟁이를 키우는 것이라고 생각합니다.

어느 한 사람이 죽도록 미워서 내가 있는 세상에 그가 없었으면 싶었고 그가 있는 세상이라면 내가 없었으면 했습니다. 그럼에도 불구하고 그와 나는 아직 죽기에는 젊은 나이였고 같은 하늘을 이고 살아야 할 처지였습니다.

내 약손가락 마디에 흉터가 있었습니다.

어렸을 때 꼴베는 친구가 재미있어 보여 조르고 졸라 건네받은 낫은 시퍼런 빛이 났습니다. 그 빛에 눌렸던 것일까요? 서툰 낫질 한 번에 생긴 상처는 오래도록 나와 함께 세상을 살아왔습니다. 아니 그 상처가 내 몸의 일부분처럼 익숙해져 언젠가부터 잊고 살았다는 표현이 더 정확할 것입니다.

어느 날 무심코 손을 내려다 보다 나는 깜짝 놀랐습니다. 평생 함께 할 것 같던 그 상처가 흐르는 세월에 마모되었는지 시나브로 알아보지 못할 만큼 희미해졌기 때문입니다.

아무리 고통스런 기억도 망각이란 신약이 있어 치유해 주는 것인지, 손가락의 상처처럼 그를 향한 미움도 세월 따라 희미해졌습니다. 세월이란 내게 나이만 보태 준 것이 아니라 상대를 용서할 수 있는 마음을 덤으로 줬는지도 모릅니다.

그런데, 지난 여름 바람결에 그의 소식이 묻어왔습니다. 중병을 앓고 있다는 소문에 가슴이 철렁 내려앉았습니다. 가까운 사람들 모두 떠나버리고 자신의 몸 속 깊숙이 침투한 까시쟁이 닮은 암덩어리와 외로운 투쟁을 하고 있다는 그를 떠올리자 왠지 모를 회한이 온몸을 옥죄었습니다.

한때 그가 불행하기를 바란 적이 있던 내가 아니었던가? 그렇다면 나는 지금 고소를 금치 못해야 합니다. 그런데 이 착잡하고 복잡한 심경은 무엇이란 말입니까.

자신의 의지와 상관없이 결코 순탄하지 않은 인생을 살아온 것이 역력한 그의 삶에 갑자기 연민이 일었습니다. 그도 자신의 가슴에 누군가를 향하여 증오를 뿌리 삼은, 미움으로 자라는 나무를 키웠던 것이 아닐까요?

미워하고, 사랑하고 얼키고 설켜 살아가는 세상에서 무한정으로 미움을 키우는 일은 하지말 일입니다. 가슴 찢어지는 고통이나 미움조차도 생의 끝자락에서 뒤돌아보면 다 부질없을 테니까요.

이 가을에 그에게 까시쟁이나무 대신 희망의 나무 한 그루 심어줄 수 있다면 좋겠습니다.

이화령을 넘으며

이화령 옛길을 넘는다. 높은 산굽이를 돌자 저 아래에 새길이 보이고 곧장 뻗어나간 곳에 동굴이 시커먼 아가리를 벌리고 있다. 새로 뚫린 이화령 터널이다.

직선으로 뻗은 그 길을 두고 굳이 이 옛길을 택한 것은 내 나름의 알싸한 추억 때문이기도 하다. 나는 이 산길을 15년 전에 넘었다. 달빛을 친구 삼아 넘던 그때의 다급했던 심정은 간곳없이 오늘은 여유롭게 발아래 펼쳐지는 정경을 즐기며 달린다.

“신방 꾸민 지 3일 만에 낯선 신랑을 따라서 아흔아홉 골은 될 듯한 산을 넘고 넘어 가는데 참말로 무섭더라. 꼭 호랑이굴에 잡혀가는 것 같았는기라. 아닌게 아니라 그기 호랑이굴이었제.”

어머니가 35여 년 전 새신랑인 아버지를 따라 넘던 그 길을 나는 내 나이 서른두 살에 내게 깃든 학마(學魔)를 떨구기 위해 넘었던 것이다. 한처럼 남은 공부에의 집념을 포기할 수 없어 검정고시를 준비하던 그해, 원서마감 하루를 앞두고 잘못 기재된 호적을 본적지에서 급히 정정해야만 했다. 그동안 가슴앓이하며 키워 온 꿈을 사그라트릴 수 없어 밤을 새우며 이화령과 문경새재를 넘을 때는 절박한 심정이었다.

내가 첫돌을 지나자 그 고개를 넘어 도시로 나왔다는 어머니의 말대로 산 너머 또 산이요, 하늘만 빼곡히 보이는 길은 낯설었다.

인적 끊어진 산길에 그믐달의 푸른빛이 괴기한 기운마저 띠고 있었다. 간간이 솟은 바위는 집채만한 짐승이 버티고 선 듯하고 바람에 흔들리는 나뭇가지들은 잡신들의 춤처럼 어지러웠다. 금방이라도 누군가가 앞을 턱 막아설 것만 같아 머리카락은 하늘로 치솟고 등에는 진땀이 흥건했다. 그르렁, 그르렁, 평소에는 소음으로 들리던 내 고물차가 내는 소리가 그나마 나를 안심시키고 위로했다.

그 밤, 외롭고 무서움에 떨며 이 고개를 넘음으로써 나는 오랫동안 나를 따라다닌 배움에의 길을 막아섰던 학마를 털어냈다. 그러므로 내 인생의 새로운 시작이 이 고개에서 시작되었다고 해도 과언이 아니다. 더구나 오늘 보는 옛길은 운치도 좋아 그간의 노고를 치하하는 양 상쾌감을 더해준다.

견딜 수 없이 힘든 일도 시간이 흐르면 살풋한 추억으로 회상되듯이 이 고개를 넘던 지난 모습이 아련히 떠오르다가 고갯마루에 설 때쯤에는 나보다 먼저 이 길을 넘나들었을 면면 사람들까지 그려졌다.

옛길 모퉁이마다에는 숱한 사람들의 사연이 깃들어 있을 것이다. 과거를 보기 위해 넘던 선비에서부터 보부상의 행렬, 애면글면 넘던 민초들의 발길까지 이 고개에 스민 애환이 어디 나만의 것이겠는가. 조선시대에는 새재 중간 중간에 홍예문, 조곡관, 조령관 등의 이름을 붙여 지친 민초들의 삶을 더 힘들게 통제했다고도 한다. 그러나 밟아도 밟아도 고개를 드는 질경이처럼 끈질긴 삶을 살아온 면면 할머니, 할아버지들이 있었기에 지금의 우리가 있는 게 아닌가 싶다.

뭇사람들의 사연과 눈물이 녹아있는 옛길. 이 고개가 살다가 힘들 때마다 극기하는 마음으로 다시 넘을 수 있도록 오래오래 보존되기를 희망한다.

그대의 아름다운 황혼

한 노인이 팔뚝을 걷어붙이며 말했다.

“내가 80에서 하나가 빠져. 그래도 힘은 젊은 사람 못지 않지.”

그가 내민 팔뚝을 바라보던 옆자리 노인이 질세라 소매를 둘둘 말아 올렸다.

“나도 누구 못잖구먼.”

살점 없는 팔뚝이 나목을 연상시키며 허공으로 솟구쳤다.

두 사람의 모습을 옆에서 유심히 지켜보던 초로의 신사가 허공으로 내민 팔을 아직 거둬들이지 않은 나목 닮은 노인에게 물었다.

“할아버지는 몇이슈?”

“나? 일흔둘이여.”

여든이 다된 노인이나 일흔을 갓 넘긴 분의 모습은 별로 다를 바 없어 보였다.

노인들의 힘자랑 하는 모습을 바라보던 나는 그분들의 표정이 하도 진지해 울컥 연민이 치솟았다. 어쩌면 저 노인들은 사그라지는 자신의 육신이 안타까워 허공에다 종주먹을 쥐고 을러대는 것은 아닐는지. 아니면 아직은 뭐든지 할 수 있을 것 같은데 젊은이들로부터 받는 소외감에 대한 무언의 제스처인지도 모르겠다.

노인들의 성문제를 다룬 「죽어도 좋아」란 영화가 우여곡절 끝에 상영된 적이 있었다. 그것은 젊은 사람들의 전유물이었던 사랑과 섹스에 노인이 주인공으로 떠오른 데 대한 낯설음과 성욕구는 감추어야만 했던 유교적 정신에 내민 도전장이었다.

홀로 사시는 70대의 김선생님은 그 당시 좋은 분을 만나 데이트를 즐기며 행복해 하는 중이었다. 묵은 매화가 더 향기로운 꽃을 피우듯 사랑에 빠진 김선생님에게 문제가 생겼다. 식구들에게 재혼 의향을 조심스레 비쳤더니 창피하게 다 늙어서 무슨 재혼이냐고 분가해 살고있는 자녀들이 극구 반대했다는 것이다. 그런 와중에 그 영화는 어쩌면 김선생님 자신의 이야기였는지도….

그런데 영화를 보고 온 선생님의 심기가 불편해 보였다. 다른 것은 다 그렇다 하더라도 앙상한 몰골에 성기를 드러낸 노인의 적나라한 모습을 꼭 그렇게 긴 시간 클로즈업시켜야 했느냐는 것이었다. 꼭 자신의 치부를 젊은것들에게 구경거리로 드러내 보이는 것 같아 몹시 민망하고 수치스러웠다는 얘기였다.

정말 노인들의 섹스장면을 구경거리 삼아 젊은이들은 희희낙락했을까? 그것만은 아니었을 것이다. 자신들의 풋사랑보다 더 농익은 사랑에 감동을 느껴 진지한 사랑이 꼭 나이와 관계되지 않는다는 사실을 눈치챘으리라.

나의 사무실 옆 노인복지회관에서는 점심을 무료급식 하고 있어 아침이면 노인천국을 방불케 할 만큼 많은 분들이 모여든다. 그분들은 한 끼의 밥보다 외로움을 달래려고 추위나 불편함을 무릅쓰고 나오는 경우가 많다. 말이 서로 통하는 친구를 만나 상처를 다독거리며 힘자랑을 하는 노인들, 어쩌면 저분들에게는 주어진 시간이 그다지 오래 남지 않았다는 자각 때문에 세상의 모든 것이 더 절실하지 않을까 싶다.

길 건너 운현궁 뜰에 단풍이 황홀한 색채로 곱게 물들었다. 지난여름 뙤약볕은 그 얼마나 뜨거웠던가. 수시로 불던 폭풍은 또 어떻고…. 묵묵히 인내하며 이뤄낸 색의 감동, 그들은 찬사를 받기에 충분하다. 뿐만 아니라 마지막 열정을 불태우는 그 모습은 숭고하기까지 하다.

인생도 저 단풍처럼 황혼이 아름답지 말라는 법은 없지 않은가. 그러니 아름다운 황혼을 위한 세레나데를 부른다고 누가 탓할 수 있으랴.

능소화 편지

퇴촌 여울목을 지난 좁은 길에 할아버지와 어린 손자가 걸어간다. 뒷모습이 더없이 평화로워 보인다. 빨간 점퍼를 입은 손자의 작은 보폭에 맞춰 뒷짐을 진 할아버지의 느린 걸음이 조화를 이루어 참 아름답다. 아이가 입은 점퍼의 빨간 빛이 길가에 키 낮춰 핀 맨드라미를 닮아 더욱 그리해 보이는 것이리라. 어린 날의 내 할아버지가 그리워져 목이 멘다.

간절히 고향으로 들고 싶은 소망 때문에 나는 잠을 못 이룬 적이 있다. 숨막힐 듯 옥죄는 도시에 어설피 내린 삶의 뿌리를 송두리째 뽑아 고향 어름께로 옮기고 싶었다. 그마저도 여의치 않다면 그와 닮은 전원 속에 몸을 담았으면 했다.

손바닥만한 작은 터전을 일궈 몇 칸짜리 오두막집 하나 짓고 해 뜨기

전에 들에 나가 어질머리 앓도록 땀 흘려 스스로의 몫을 자급자족 하면 세상에 부러울 게 무엇이랴. 사람멀미로 인해 가끔씩 앓던 우울증마저 달아날 것 같았다.

마당 한쪽에는 아담한 꽃밭을 만들어 계절마다 서로 다른 색의 꽃을 키 맞춰 심고 과실나무도 유별로 울타리 삼아 욕심껏 둘러놓는 꿈을 꾸었다. 덤으로 노을빛 능소화를 지붕 위에 올리고 빨간 우체통 하나 발치에 세워두면 그보다 더한 행복은 없으리라 여겼다. 간간이 우체통에서 친구들이 보낸 소인을 확인하면 외롭지 않을 것이 분명하였다.

며칠 전 동향인 정선생을 만났다. 고향 다녀온 이야기 끝에 당신 형님이 올해 칠순인데 그 동네에서 젊은 축에 속한다는 것이다. 진짜 젊은이들은 모두 도시로 빠져나가 농사지을 사람이 없음은 이미 오래된 일이고 땅마저도 외지인들의 이름으로 된 곳이 많단다. 겨우 명맥을 유지하는 한 세대 뒤의 사람들이 세상을 떠나면 누가 농촌을 지킬 것인가 걱정이 태산이었다.

그러고 보면 그동안 나는 가당치 않은 생각을 품었는지 모른다. 농사는커녕 피땀 흘리는 농부의 고통은 헤아리지 않고 피상적인 꿈만 키운 것 같아 자책감마저 들었다. 농촌은 막연한 호기심만 가진 나 같은 어중이가 파고들 곳이 아니지 않는가. 어렵게 얻은 작물조차도 도시에 사는 자식들 생각에, 아니면 얄팍한 지전과 바꾸기 위해 실한 것 제대로 입에 넣지 못하는 심경은 헤아리지도 못하면서 말이다.

갈고리손이 되도록 농사를 지어 품삯은 못 건져도, 천심을 저버릴 수 없어 묵묵히 흙을 일구는 농부들의 삶터를 나를 포함한 도시인들이 잠시잠깐의 피신처로 쉽게 여기는 것은 아닌지. 혹여 땅을 제 살붙이처럼 다독이며 살아가는 이들에게 위화감을 조성하지는 않는지 돌아봐진다.

요즘 도시에서는 아이들의 교육문제로 머리를 앓는다. 전전긍긍하다 조기유학을 보내는 부모도 있다. 그로 인한 부작용은 또 얼마인가. 농촌의 젊은이들 역시 자신의 꿈도 꿈이지만 자식 교육 때문에 도시로 나간다고 한다.

이 나라의 자연 속에서 아이를 마음 놓고 키울 수 있는 복지정책은 요원한 것인지…. 농촌이 전인교육의 토양이 되어 제 고향을 떠났던 젊은이들이 자식을 앞세워 다시 돌아서는 모습을 상상해 본다.

그래서 저뭇한 때 맨드라미 핀 길을 가는 할아버지와 손자의 뒷모습 같은 풍경을 어디서라도 자주 볼 수 있었으면 참 좋겠다.

대봉감

토지문학제가 처음 열리던 가을, 그 행사에 참가차 평사리에 들어서던 우리 일행은 약속이나 한 듯 탄성을 질렀다. 주먹만한 감들이 총총히 등불을 밝힌 듯 가을 햇살 속에 빛나고 있었다. 일행 중 한 분이 장난스레 가지 끝에 달린 잘 익은 감 하나를 뚝 따서 한 입 베어 물었다. 이내 웃음기가 걷히고 곤혹스러워지는 그의 얼굴 위로 한 사내아이의 모습이 겹쳐졌다.

예전 나의 고향 동네에는 이런 주먹감보다 동글납작한 단감이 많았다. 먹을 것이 귀하던 시절 마당가에 서 있던 키 작은 감나무는 남들처럼 빨간 열매를 달아본 기억이 없었다. 아직 풋기도 가시지 않은 새파란 감을 따먹는 우리들에게 감나무는 채 볼 붉히지 않은 열매를 너그럽게 다 내주었던 것이다. 그러니 그때까지의 내 기억 속에는 떫은 땡감은 없었다.

할머니댁에 놀러간 나의 관심을 끌고 싶었던 것일까? 아님 정말 골려먹고 싶었던 것일까.

"먹어 봐. 맛있다."

그 동네 사내녀석이 내민 감은 내 주먹보다도 더 큰, 우리집 마당에 있는 단감하고는 크기가 비교도 안되는 굵은 감이었다. 단단한 과육을 베어 물면 단물이 혀끝을 감싸는 상상을 하며 한 입 크게 문 주먹감은 숨을 턱 막히게 했다. 입 속이 터질 듯 가득 차던 떨디떫은 맛. 그 감이 대봉감이었다.

바로 그 해 겨울, 할머니댁에서 그 떫던 땡감이 달콤한 연시로 탈바꿈하는 것을 알게 되었다. 단감하고는 또 다른, 손에 들면 착 감기는 무게와 투명한 빛깔이라니. 거꾸로 들고 꼭지를 떼어낸 다음 선녀의 날개옷 닮은 껍질을 살짝 벗기고 입에 넣으면 사르르 녹아들며 혀끝으로 감도는 단맛. 그 부드러운 맛을 음미하다 보면 느껴지던 포만감.

어쩜 그리 떫은 땡감이 달디단 연시로 변할 수 있을까? 사람도 세월의 바람이 스며들면 연시처럼 농익을 수 있는 것일까?

하동 악양면 평사리는 박경리 선생님의 소설 「토지」의 배경이 된 곳으로 고소산성을 우측에 끼고 최참판댁이 동네를 내려다보며 들어섰다. 최참판댁 마당에서 바라보는 가을 들판은 풍요롭기 그지없다. 황금색깔로 물들어가는 들판, 그 너머로 섬진강의 잔물결이 일렁이고 멀리로는 전라도땅이 보인다. 눈을 다시 아래로 내리면 집집의 마당에 줄지어 심어진 감나무에 수줍은 새악시마냥 볼 붉히고 있는 감들이 세상사에 지친 눈을 위로한다.

행사를 성황리에 치르고 내려오던 길목에서 나는 일행인 S선생님과 어울러 감 한 접을 샀다. 감을 파는 맘씨 좋게 생긴 아저씨에게 몇 년 전에 어느 지방을 지나다 우연히 땡감을 한 접 사서 연시무리를 해 먹으려다 절반은 곯아버려 실패한 이야기를 했더니 감을 제때에 따지 않아 그렇다고 한다. 너무 서둘러 따면 이내 물러지고 맛이 없어 무서리가 내린 뒤에 따야 한단다. 뭐든지 때가 있는 법. 감을 사며 인생공부까지 하였다.

대봉감으로 인해 그 해 겨울은 길고도 짧았다. 도시살이에 지치고 사람들에게 지친 밤, 알맞게 익은 연시를 고르는 시간만큼은 작은 흥분과 설렘으로 가슴이 따스해지는 느낌마저 들었다. 겨우내 아껴가며 뿌연 주홍빛깔이 말간 홍색으로 변하는 것을 엿보는 기쁨은 은밀한 즐거움이었다. 함께 감을 산 S선생님네는 하루 두 개도 아닌 한 개씩 만들어지는 연시로 인해 금실 좋던 부부지간에 보이지 않는 눈치싸움까지 했다던가?

그 맛과 추억을 어찌 나만이 간직할쏜가? 여기저기 자랑하다보니 다음해부터는 본의 아니게 감장사 노릇까지 하게 되었다. 전화만 하면 좋은 놈으로 골라 보내주는 아저씨 덕분에 이곳저곳 다른 사람들 몫까지 주문을 했던 것이다.

작년 토지문학제 때였다. 나를 찾는 사람이 있다기에 나가보니 감나무집 아저씨가 최참판댁 문간에 서 있었다. 아직 대봉감은 딸 때가 멀었고 오신 김에 이것이라도 맛보라면서 한 무더기 내놓은 것은 새파란 빛이 그대로인 단감이었다. 아, 얼마 만에 맛보는 이 맛, 이 빛깔인가. 어렸을 적 채 익기도 전에 따먹던 단감나무 열매와 똑 같은 풋감이었다. 그동안 서울생활 하면서 잊어버렸던 그 빛이었다. 떫은 듯하면서도 싱싱한 단맛, 그때 그 시절의 정감이 떠올라 콧등이 시큰해졌다. 그리고 아저씨의 인정에 가슴이 훈훈해졌다.

물론 작년 겨울도 그 아저씨네 대봉감으로 나뿐 만 아니라 여러 사람이 행복했음은 말할 나위도 없다.

그래서 나는 하동 하면 재첩국이나 야생차도 좋지만 대봉감을 먼저 떠올리고 감 때문에 인연이 닿은 아저씨의 인정을 떠올린다.

올해도 평사리에는, 악양들녘의 감나무들은 햇살을 한 아름 품어 열매를 익히고 있을 것이다. 어쩌면 지금쯤 하나 둘 등불 밝히고 손님 맞을 채비를 하고 있으리라.